보스턴

젊은 지성과 교감하는 전통의 힘

차례
Contents

시작하며

처음 보스턴을 방문했을 때의 충격적인 감동을 잊을 수 없다. 면적으로 치자면 올랜도의 디즈니랜드 왕국보다 작은 도시가 "자유의 요람"이나 "아메리카의 아테네", 혹은 좀 더 오만하게 "우주의 중심"이라 불리면서 미국 사회를 이끌어가는 지성을 배출하는 중심지이자 문화·경제적 선도자의 역할을 해왔기 때문이다.

유서 깊은 교회나 육중한 벽돌 건물, 학구적인 분위기, 좁고 꼬불꼬불한 길, 깔끔하게 서 있는 연립형 주택들, 민족적 특성이 강하게 드러나는 지역구들로 인해 보스턴은 미국에서 유럽풍이 가장 강한 도시로 여겨진다. 혁명을 통한 민족 탄생의 본거지로서 햇살에 반짝이는 그 어느 나뭇가지, 돌길 하나라도 역사에 무심한 것이 없고, 세계 각지에서 모여든 학생들을 위한 문화적 환경은 오랜 전통을 기반으로 하고 있다. 그런가 하면 이들 젊음의 다채로운 열정이 도시를 수놓는 순간, 보스턴은 또 다른 푸르른 표정으로 드러나기도 한다.

끝없이 뻗어나간 고속도로 사이로 시대를 앞서가는 초현대식 고층 빌딩들이 즐비한 동시에, 오늘날까지 그대로 보존되어 온 17세기 이래의 유적들이 시내 곳곳에 전통의 향기를 가득 채워주고 있는 보스턴의 풍경은 그야말로 현대의 첨단문화와 역사적 장엄함이 공존하는 절묘함을 자아내는 것이다. 보스턴을 느끼는 즐거움은, 이 도시가 전통과 현대가 교차하는 흥미로운 공간일 뿐만 아니라 뛰어난 교육 환경과 선진 의료 기술을 보유한 미국 산업혁명의 중심지이자 최첨단 신기술 개발의 근원지라는 사실과 함께 한다. 여기에 더해 세계적 수준의 여러 경이로운 박물관들과 훌륭한 심포니의 고장인 동시에 뜨거운 스포츠의 활기로 가득 찬 곳, 역동적인 정치현장으로 주목받는 곳 또한 보스턴이기 때문이리라.

아메리카의 역사가 열리고

자유와 함께 미래를 심은 땅

1620년에 메이플라워호를 타고 온 102명의 청교도 순례자들이 보스턴 남부로부터 50여km 떨어진 플리머스에 정착하게 된 것은 우연한 일이었다. 그러나 이들 집단은 체계적인 조직으로 발전하지 못하였으며, 그나마 절반가량은 폐렴이나 독감, 괴혈병, 영양실조 등으로 사망하고 나머지 생존자들은 인디언 원주민들로부터 옥수수나 기타 토산물을 경작하는 법을 배워 겨우 굶주림을 면하고 있는 처지였다.

그로부터 10년 후, 보다 나은 사회적 조건에 있던 영국 청교도들이 대규모의 무리를 형성하여 나름대로의 준비를 갖추고 보스턴에서 북쪽으로 약 30km쯤에 위치한 해변도시 살렘에 정착하였는데, 이것이 이 지역 이민사의 본격적인 시발점이라 할 수 있다. 얼마 후 그들은 급수사정이 훨씬 나은 찰스 타운으로 이주했는데, 이는 곧 보스턴의 바로 건너편 도시였다.

기록에 의하면 웜퍼노그나 니프머크족과 같은 아메리카 원주민들이 매사추세츠 동부에 수천 년 전부터 살고 있었다고 하지만, 백인으로서 보스턴에 최초로 거주한 사람은 청교도계 목사 윌리엄 블랙스턴이었다. 아직은 한적한 비컨힐에서 오로지 서적 수집을 낙으로 삼고 적적한 독신생활을 꾸려가고 있던 그는 성직자를 비롯한 지식층이 많은 찰스 타운의 청교도와 교류하면서, 그들에게 보스턴으로의 이주를 적극 장려했다. 보스턴에 정착한 청교도들은 이 지역의 중심가에 있는 '세 언덕(Tremontaine)'을 곧 이곳의 명칭으로 부르다가, 이후 좀 더 나은 주거환경이 갖추어지고 생활조건이 안정되자 자신들의 영국 고향인 '보스턴'의 이름을 빌려와 그대로 쓰기 시작했다. 이들이 등지고 떠나온 영국 보스턴이 신대륙에서 새로운 도시로 탄생하게 된 데에는 어떠한 염원이 담겨 있는 것일까?

보스턴이라는 이름은 1,300여 년 전 성 보톨프St. Botolph가 영국 동부 링컨셔주州의 한 작은 마을에 로마 가톨릭 교회를 지으면서 처음 만들어진 것이라 전해진다. 약 200년 동안의 공사기간을 거쳐 1520년에 완공된 교회는 장엄하면서도 화려한 아름다움으로 지역의 기념비적인 건축물이 되었다. 교회가 명성을 얻게 되자 이 지역은 이때부터 교회를 통해 지칭되었는데, 곧 보톨프 교회의 마을이란 뜻에서 Botolph's Town이나 Botolph's Stone이라 불리던 것이 발음이 비슷한 여러 형태의 단어를 거쳐 Boston으로 귀결되었을 것이라 짐작된다.

16세기에 유럽을 휩쓴 개신교의 열풍을 타고 헨리 8세 (1509~1547)는 영국 교회를 로마로부터 분립시켰고, 이후 그의 딸인 엘리자베스 1세는 영국 국교회라는 독립된 체제를 갖춤으로써 가톨릭의 영향에서 벗어나고자 했다. 영국 보스턴은 이러한 종교적 이단의 중심지가 되었고, 청교도들은 전통적인 제단이나 성모상과 성수대 등을 치워버리고 예배의식도 한결 단순화시켰다. 1612년에 보톨프교회의 담임목사로 부임한 청교도 선도자 존 코턴은 본격적인 청교도 방식을 적용하였으나, 끊임없는 논쟁에 휩싸이다 마침내 지병을 얻어 1631년에 교회를 떠났다. 그로부터 2년 후, 아내의 죽음을 계기로 코턴 목사는 자신을 열렬히 따르는 청교도 무리를 이끌고 신대륙 매사추세츠로 이주하였고, 존 윈드럽이 이끄는 초기 청교도 단체와 결합하여 영국 보스턴 지방의 특색이었던 강렬한 청교도적 이상을 펼치게 된 것이다. 이러한 성향은 보스턴 문화의 곳곳에 배어들어 오늘날 보스턴이 '청교도 도시the Puritan City'라 불리게 된 필연적 근거가 되었다. 보스턴을 중심으로 정착한 이들은 단체를 운영하고 정부기구를 조직하는 데 필요한 기본 지식을 가지고 있었으며, 열렬한 신앙심을 바탕으로 하여 점차 안정되고 체계적인 사회를 만들어 나갔다.

독립의 아들

신대륙 시대가 열린 지 30~40년이 지난 1670년대 후반에 들어서자 정착민과 영국 정부 사이의 정치적 불화가 시작되었다. 본국 정부는 정착민들이 자율적 정권을 천명한 식민헌장을 무시했고, 나아가 매사추세츠주를 식민 사령부로 정하고 영국계 교회까지 세우고자 했던 것이다. 뿐만 아니라 오랜 재정적자와 영토확장 및 전쟁에 소요된 비용을 충당하기 위해 영국 정부는 식민지에 부당한 세금을 부과하기 시작했으므로 양측의 갈등은 나날이 심각한 상황으로 치닫고 있었다. 게다가 1761년부터 영국 정부가 승인한 원조증서로 영국인들이 자유롭게 식민지를 출입할 수 있게 되자 곧 밀수입이 흥행하여, 신흥도시 보스턴의 경제는 더욱 파탄에 빠지게 되었다. 이어 1764년에는 서인도로부터 들어오는 설탕·견직물·포도주·커피 등에 과다한 세금을 부과한 수입조례가 공표되었다. 삼각무역에 관련된 식민지들은 불매동맹을 위한 조치를 마련하기 시작했으나, 이러한 반응을 비웃기라도 하듯 바로 이듬해부터 신문이나 공문서를 비롯한 모든 인쇄물에 세금을 부과하는 인지조례(1766)를 위시하여 유리·종이·차 등에도 세금을 부과하는 법령들이 차례로 발표되었다. 오랫동안 불만을 참아왔던 식민지 주민들은 마침내 분노가 극에 달하였고, 보다 적극적인 대응체제를 마련하기로 뜻을 모았다. 마침내 1774년, 식민지 주 대표들은 필라델피아에 모여 영국과의 통상 중지 및 군사적 대응 등에 대한 연합적 항거를 결의하였다.

가장 격렬한 저항은 매사추세츠에서 일어났는데, 급진적 애국지사들을 중심으로 조직된 '자유의 아들들(Sons of Liberty)'이라는 단체가 그 선도적 역할을 맡았다. 영국 상품에 대한 불매운동이 범시민적으로 일어났고, 세무관리들을 야유하는 위협적인 시위가 연일 계속되었다. 이에 영국은 보스턴이 무질서 상태에 이르렀다고 판단하여 군대를 파견하였다. 긴박한 갈등이 위태로이 반복되는 가운데 사무엘 애덤스나 다니엘 웹스트, 제임스 오티스 등의 보스턴 급진파 정치가들에 의해 주도된 일련의 저항사건들은 독립전쟁의 결정적인 계기가 되었고, 이는 후일 미국의 제2대 대통령 존 애덤스가 회고한 대로, "보스턴에서 독립의 자손이 태어났다."라 평가될 만했다. 미국 민족 탄생의 산실이 된 이러한 사건 및 현장은 자유에의 뜨거운 의지와 열망을 울리면서 오늘날 귀중한 역사 유적지로 남아 있다. 보스턴의 역사적 핏줄이라 할 수 있는 '프리덤 트레일Freedom Trail'이 바로 그것이다.

자유의 뜨거운 발자취 – 프리덤 트레일

1951년 3월 「보스턴 헤럴드 트래블러」지의 윌리엄 스코필드 편집장은 세계 각국에서 찾아온 관광객들이 보스턴을 여행할 때 겪는 불편과 어려움에 대한 문제점을 지적하고, 그 해결책을 제안하는 기사를 썼다. 폭이 좁고 꼬불거리는 옛 골목들이 미로처럼 얽혀 있는 보스턴의 지형적 특성 때문에, 마치 가는 거미줄이 뒤엉켜 있는 듯한 복잡한 지도와 하루 종일 씨름하다 지친 방문객들은 결국 한두 장소만 보고 돌아서게 된다는 것이다. 스코필드는 이러한 비합리적인 관광 여건을 개선하여 훌륭한 유물들을 제대로 그리고 효율적으로 감상할 수 있도록 하기 위해서는, 예컨대 '청교도의 길'이나 '자유를 따라'와 같은 구체적인 표지를 설치하여 보다 적극적인 안내를 지원할 필요가 있다고 주장하였다. 이 기사를 관심 있게 읽은 존 B. 헤인스 보스턴 시장은 그해 6월에 '프리덤 트레일' 프로젝트를 만들었고, 책임자로 임명된 살턴스탈 상원의원과 함께 의욕적으로 일을 추진해나갔다.

'프리덤 트레일'의 초기 작업은 영국에 대한 저항의 불씨가 당겨진 사건 현장이나 본격적인 혁명의 산실, 그리고 전쟁에서 승리하여 마침내 독립을 쟁취하게 된 역사적 장소 등을 보스턴의 대표 유적지로 정하고, 이들을 지리적 순서에 따라 감상할 수 있도록 나무로 표지판을 만들어 세우는 것이었다. 나무 표지판은 1953년에 내구성이 강한 철제 표지판으로 바뀌었고, 이후 해를 거듭할수록 '자유의 여정'을 찾는 관광객이 늘어나자, 이에 따른 상업적 이득을 의식한 지역 상인과 개인 기부자들의 헌금으로 현재의 빨간 벽돌길이 놓이게 되었다. 새천년에 들어서며 보스턴역사협회는 '프리덤 트레일'의 영역을 강화하는 차원에서 해로를 개설하고 각 현장에 대한 해설문을 만들었으며, 여러 민족사회들이 형성된 역사에 대한 자료를 포함시켰다. 보스턴의 역사가 살아 숨쉬고 있는 이 자유의 행진길은 시민공원에서부터 출발한다.

자유를 위한 행군

1634년 보스턴에 정착한 청교도 이민자들은 이곳에 먼저 이주하여 살고 있었던 윌리엄 블랙스턴 목사로부터 목장의 터

미국 최초의 시민 공원인 보스턴 커먼

를 사들여, 한쪽 귀퉁이에 '공동사용'이라는 팻말을 박아두고 구역민의 공용지로 쓰기로 했다. 약 5만 평가량의 이 땅은 몇 년 후 법규에 의해 '공동으로 사용할 수 있는 운동장 이외에 어떤 가옥이나 정원도 지을 수 없는 곳'이라 명시됨으로써 신대륙 최초의 공원으로 탄생했다. '보스턴 커먼Boston Common'이 라 불리는 이곳은, 초기에는 주로 주민들이 소를 방목하거나 말을 훈련시키는 장소, 혹은 때때로 군사훈련장으로 사용되다 가, 식민시대에 들어 공개사형장이나 결투장소로 쓰이면서 해 적이나 무당, 종교적 이단자들이 참수된 현장이기도 하다. 그 리고 독립을 위한 혁명(1775~1783)이 일어났을 때에는 공원 운동장에 막사를 짓기 위해 영국 군대가 들어온 적도 있었다. 독립혁명에 큰 공훈을 세운 프랑스의 라파에트 장군이 이후 보스턴을 다시 방문했을 때 어린 학생들이 바로 이 공원에 모여 「라 마르세예즈」[1]를 목청껏 불러주었던 것은 이러한 역사적 회한에 대한 메아리였던 것일까?

공원을 끼고 나가다 마주하게 되는 것은 주청사 건물이다. 미국이 독립을 쟁취한 이후 정부로부터의 진정한 독립을 원한 보스턴 시민들은 독자적인 행정 건물을 마련하여 새 시대를 열어갈 중심지로 삼고자 했다. 오랜 노력과 지속적인 정성 끝에 이러한 열망은 마침내 비컨힐 동쪽 핸콕 목장지에 터를 잡게 되었다. 의미 깊은 이 건물의 초석이 놓이는 날 시민들은 경건하고 엄숙하기 이를 데 없는 의식으로 이를 맞이했다. 독립기념일인 1795년 7월 4일, 주 공무원과 하객들은 먼저 올드사우스 집회당에 모여 축하 예배를 드린 다음 옛 주청사에 들러 아쉽고도 가슴 벅찬 이별 의식을 간단히 마치고 보스턴 커먼을 가로질러 새 청사 건물의 현장까지 걸어갔다. 한편 초석은 기존의 13개 주와 신생 2개 주(버몬트와 켄터키주)를 상징하는 15마리의 말이 이끄는 커다란 짐차로 운반되었다.

엄밀하고 정확한 보스턴의 특성을 그대로 반영하듯 건축비용이 133,333.33달러로 기록되어 있는 주청사 건물은 건축가 찰스 불핀치의 설계로 1798년 1월에 완공되었는데, 그 완벽한 아름다움으로 초기 정부 시절의 건축물 중 가장 훌륭한 것이라 일컬어진다. 이를 계기로 불핀치는 당대 최고의 건축가라는 명성을 얻어 코네티컷과 워싱턴주의 국회의사당 설계를 맡는 영광도 안았다. 흰 장식이 깃든 붉은 벽돌로 지어진 주청사는 영국의 어느 한 건물을 모델로 한 것으로, 천장 돔에는 초기 뉴잉글랜드 지방2)에 목재 산업이 번창했음을 상징하는 소나무 원추가 장식되어 있다. 이 돔은 1874년에 구리판에 23캐럿의 금을 덧입힌 금박 돔으로 변신하면서 건물을 더욱 빛내게 되었다.

주청사 뒤편은 보스턴에서 초기에 매립된 언덕들 중 유일하게 현재까지 남아있는 비컨힐이다. 비컨이라는 명칭은, 일종의 신호기구로서 1634년에 이곳에 세워진 나무전봇대의 봉화(beacon)에서 유래되었다. 사람들은 이 나무 봉화대 꼭대기에 송진을 가득 채운 철제 냄비를 매달아, 적군의 침입으로 도시가 점령되었을 때 송진에 불을 붙여 이웃도시에 지원을 요청하는 신호로 쓰고자 했던 것이다. 1789년에 낡고 오래된 전봇대가 바람에 쓰러지자 이 자리에 승전 기념탑이 세워졌다. 독립혁명 기간 중에 봉화대가 자주 불타올랐다는 사실에 비추어, 이곳이야말로 미국의 독립을 승리로 이끈 사건들을 기념하기에 가장 알맞은 장소라고 생각되었기 때문이다. 보스턴에 세워진 최초의 승전 기념탑인 이것은, 1791년에 찰스 불핀치가 설계를 맡아 봉화대의 원래 형태를 그대로 본 따 만든 18m 높이의 벽돌 석탑에 독수리상을 하나 얹은 구조물로 완성되었다.

그러나 1811년, 다른 매립지를 채우느라 비컨힐의 맨 위편의 땅이 깎이게 되자 탑도 자연히 철거되었다. 주청사 건물이 이 지역에 들어선 것은 바로 이 시기이다. 주청사가 들어서기 전까지 황량하기 그지없는 목장지에 불과했던 비컨힐은, 청사 건물이 들어서면서 구릉을 낮추고 그 흙으로 호수를 매립하는 등의 환경이 조성되면서 보스턴 최상의 거주지로 거듭나게 되었다. 도시가 형성되던 초기 시절 이래 이민 창구의 역할을 맡아 오던 보스턴 북부 지역이 점점 늘어나는 이민자들로 인해 그들의 집단 거주지가 되어가자, 가보트, 로즈, 코드먼, 로웰 등 이른바 보스턴 명문가들이 한적한 비컨힐로 옮겨와 앉게 된 것이 주거 환경 변화의 계기가 되었다.

유서 깊은 보스턴 이곳은
콩과 대구의 명소.
로웰가 사람들은 오직 가보트가 사람들하고만 이야기를 나누고
가보트가 사람들은 다만 신께만 이야기한다네.

이 지역 귀족들의 폐쇄적 보수주의를 빗댄 유행어가 비감한 메아리를 남긴다.

자유, 평등 그리고 평화

커먼과 비컨힐의 경계점인 비컨가에는 미국에서 가장 훌륭하다고 칭송받는 전쟁기념관이 있다. 개인적 치적의 측면에서뿐만 아니라 인종을 뛰어넘은 단합이란 차원에서도 매우 깊은 의미를 전하고 있는 이 건물은 바로 '쇼우와 제54연대 기념관(Shaw/54th Regiment Memorial)'이다.

1861년에 남북전쟁이 발발하자 매사추세츠 흑인 주민들은 전쟁에 참여하여, 노예로 예속되어 참혹한 삶을 살아가고 있는 흑인 형제들을 해방시켜주고자 하였다. 하지만 당시의 미 군법은 군인이 될 수 있는 대상에서 흑인을 제외하고 있었다. 그러다 얼마 후 앤드류 주지사를 비롯한 일부 진보파 정치가들의 노력으로, 국방부는 장교 취임을 제한한다는 전제조건하에 흑인의 군 입대를 허용하게 되었다. 곧 제54연대 흑인 군단이 조직되었고 뜻있는 몇몇 젊은 백인 군인들은 자청하여 이 연대에 합류했다. 이들 중 보스턴 최고 명문가의 외아들인 로버트 굴드쇼우가 연대의 대령으로 임명되었다.

사실 이처럼 흑인 병사와 백인 장교가 한 단체에 속하는 형태는 양쪽 모두에게 크나큰 모험을 담보로 한 것이었다. 만일 적군에 붙잡혀 포로가 되면 흑인은 노예로 전락될 것이 뻔하고, 백인은 남부 연방 군법에 의해 동료를 등진 배반자로 낙인찍힐 것이 분명했기 때문이었다. 쇼우 대령과 부하들은 서로에게의 군건한 신뢰와 동료애를 바탕으로 위태로운 상황을 잘 극복해나갔다. 그들은 남다른 결속감을 바탕으로 전장에서 많은 공적을 세웠지만, 곧 운명은 그들 모두를 거두어갔다. 포트 와그너 전투에서 전원 전사한 연대원들은 현지의 공동묘지에 함께 묻혔다. 역사의 비극적 소용돌이 가운데 꽃핀 이 절박한 전설은 1989년 애드워드 쥐크와 댄 레너 감독에 의해 「영광 Glory」이라는 영화로 만들어져 후대에 다시 한 번 비장한 울림을 전한 바 있다.

쇼우와 제54연대 기념관은 당대의 저명한 조각가 오거스터스 세인트 고든스의 작품으로 14년에 걸쳐 완성되었는데, 이는 백인 예술가에 의해 만들어진 최초의 흑인 기념물이라는 역사적 의미를 함께 지닌다. 1897년 전몰장병 기념일(5월의 마지막 월요일)에 헌상된 이 기념관은 미국 전쟁에 관한 작품 중 최고의 역작으로 꼽히고, 흑인 유적으로서도 특별한 의미로 읽힌다.

한쪽으로는 보스턴 커먼을, 다른 한쪽으로는 올드그래너리 묘지를 바라보는 위치에 터를 잡은 파크가 교회는, '이 나라에서 가장 전망이 좋은 건물'을 짓고자 하는 염원을 바탕으로 하여 세워졌다. 이 교회는, 당시 보스턴 종교계에 열풍처럼 퍼지기 시작한 유니테리언교[3]의 자유로운 교리에 동조하는 올드사우스 집회당의 소수 무리가 독립해 나와 1809년에 조직한 것이다. 그들은 새로운 교회에서도 조합적 성격을 강조하는 본래의 정교 교리를 고수하기로 결정하고, 초기부터 사회의 인본주의적 개혁에 적극적인 관심을 가졌다. 파크가 교회는 미 외방선교협회의 본부 역할을 필두로 최초로 교회 일요학교를 만들었으며, 미국 선교사연합회의 센터로서 하와이에 첫 선교사를 파견하고, 교도소 개선을 위한 회의를 주최하는가 하면 금주모임을 주도하고, 미국 교육학회를 처음으로 개최하기도 했다. 1829년 독립기념일에 윌리엄 로이드 개리슨은 파크가 교회에서 미국 역사상 처음으로 노예제도 반대 성명을 공표하였는데, 시민들의 찬반이 엇갈리는 가운데 이는 노예

해방을 위한 첫 관문이 되었다.

자유의 거목들이 드리운 그늘

파크가 교회 바로 옆의 트리먼트가에 접해 있는 약 2,500평 규모의 정원묘지는 1660년에 문을 연 올드그래너리 묘지이다. 이곳은 보스턴에서 세 번째로 지어진 묘지이지만, 미국 역사에 남은 저명인사들이 가장 많이 묻혀 있는 곳이다. 세 명의 독립선언서 서명자―존 핸콕, 사무엘 애덤스, 로버트 T. 페인―를 비롯하여 아홉 명의 매사추세츠 주지사, 보스턴 초대시장, 그리고 뛰어난 공예예술가이자 열렬한 애국지사 폴 리비어 등이 모두 이곳에 잠들어 있다. 뿐만 아니라 이 묘지에는 초기 개척시대를 일군 평범한 보스턴 주민들, 독립전쟁 중에 전사한 군인, 보스턴 학살사건의 희생자, 벤자민 프랭클린의 부모 등을 포함한 약 1,600명의 영혼이 안장되어 있어 '미국의 웨스트민스터 사원'이라 할 만한 곳이다.

존 핸콕의 무덤 옆에는 "핸콕 경의 시종, 프랭크"라고 적힌 비석이 다소곳이 서 있는데, 성 없이 이름만 표기되어 있는 것으로 보아 그가 핸콕의 노예였다는 것을 알 수 있다. 남부의 농장에 비할 바는 아니었지만, 매사추세츠 지방에서도 독립혁명 전까지는 노예를 소유하는 것이 예사로운 일이었다. 북부지역의 노예는 대개 집안일을 돌보거나 마차를 모는 일을 담당했는데, 열혈 애국지사 사무엘 애덤스도 아내 집안에서 대대로 물려받은 두 명의 노예를 데리고 있었다고 한다. 그러나 독립전쟁이 끝난 1783년 무렵의 매사추세츠주에는 불과 몇 명에 불과한 노예만이 남게 되었고, 마침내 미국에서 최초로 노예제도 폐지를 선언함으로써 매사추세츠주는 노예 해방의 본거지로 역사에 기록되었다.

묘지를 나와 트리먼트가를 따라 조금만 올라가면 바로 킹 예배당과 만나게 되는데, 이 예배당은 여러 측면에서 초기 매사추세츠의 정치 종교적 배경을 가장 잘 반영하고 있는 유적이라 할 수 있다. 1630년경 보스턴에 정착한 청교도들은 전통 영국 교회가 가진 고질적인 악습이나 가톨릭의 낡은 폐해로부터 탈출하려는 종교적 반항아들이었다. 신대륙 시대가 반세기쯤 흘렀을 무렵, 제임스 2세는 청교도들이 그토록 혐오하며 떠났던 바로 그 영국계 교회를 보스턴에 하나 지으라는 명령을 내렸다. 그러나 이 교회가 들어설 땅을 팔 청교도가 당연히 아무도 없었기 때문에, 교회는 묘지 한귀퉁이에 겨우 터를 잡아 1687년에 문을 열게 되었다. 세월이 지나면서 킹 예배당은 바로 옆쪽에 좀 더 넓은 부지를 마련할 수 있었다. 새 건물 초석을 놓던 1749년의 어느 날, 분개한 시민들은 쓰레기 더미나 동물 사체를 던지며 저주를 퍼부었다. 예전의 초라한 목조 건물을 밀어내고 피터 해리슨의 설계로 지어진 붉은 화강암 건물은 이러한 역사적 회오리를 묵묵히 견디며 지금까지 자리를 지키고 있다.

식민시대 건축물 중 가장 우아한 것으로 평가받는 킹 예배

킹 예배당

당은 미국 최초의 석조 건물로, 돌을 떠서 만든 대규모의 건물
이었다. 조지풍의 외형 장식은 런던의 성 마틴 인더필즈 교회
를 본떠 만든 것이고, 교회 내부는 높은 벽을 둘러친 박스형의
예배석이 특이한 인상을 주는데, 이는 뉴잉글랜드 지방의 심
한 추위에 대비하여 내부의 열을 보존하고자 고안한 형태였
다. 코린트 양식의 기둥은 당시 영국계 교회에서는 보기 드문
형태로, 식민지 아메리카 교회에서만 볼 수 있는 독특한 것이
다. 포도주잔 모양으로 장식된 설교단과 효과적인 음향전달을
위해 그 뒤편에 설치된 반향판은 1717년에 만들어진 것으로
서, 초기 목재 건물 시절부터 쓰이던 것이다. 지금도 그대로
사용되고 있는 설교단은 미국에서 가장 오랜 전통을 자랑하는
단상이다.

  킹 예배당은 독립전쟁이 일어나기 전까지 영국 국교회의

미 본부 역할을 하던 곳으로서 영국 정부로부터 많은 하사품을 받았다. 하사품의 대부분은 지금도 제단 뒤쪽에 진열되어 있지만, 제찬봉령 때 사용하는 은집기들은 1776년 헨리 케너 목사가 핼리팩스 교구로 부임해 가면서 함께 가져가 버렸다. 예배당 안 오른쪽 벽면에는 닫집 모양의 차양을 두른 관리 전용좌석이 있는데, 이곳은 워싱턴 대통령이 1789년에 보스턴을 방문했을 때 앉았던 곳이기도 하다. 이러한 좌석 구조는 비민주적이라는 비난으로 1826년에 철거되었다가 21세기 들어 유물의 원형을 보전하는 차원에서 원래 모습대로 복구되었다. 1713년, 영국계 아메리카 교회 중에서는 처음으로 이곳에 설치된 오르간 역시 옛 모습 그대로 복원되어 건물 뒤편의 회랑에 보존되어 있다. 정치적 자태가 유난했던 킹 교회에서의 신앙심은 이 맑은 음률과 함께나마 제 자리를 찾을 수 있었을까?

킹 예배당 바로 옆에 위치한 정원은 보스턴에서 가장 오래된 묘지로, 정원의 입구에는 보스턴 땅에 세워진 비석들 중 가장 수려한 것으로 꼽히는 조셉 테이핑의 비석이 있다. 생명의 불꽃을 거두어들이는 시간의 신 옆에서 이제 막 죽음의 문턱으로 넘어가고 있는 모습들이 형상화된 그의 묘비는 삶의 그림자를 새삼 장려壯麗하게 비쳐주고 있다. "시간은 쉼 없이 흘러가고, 당신은 언젠가 죽는다는 사실을 기억하라." 등 예사롭지 않은 문구가 새겨져 있는 묘비명이나, 17~18세기의 정교한 공예기술을 감상할 수 있는 일종의 예술 갤러리 같은 느낌을 주는 장소가 바로 킹 예배당의 묘지이다.

이 묘지에는 식민지 첫 주지사로서 초기 청교도 정착민들의 지도자 역할을 했던 존 윈드럽과 영국 여성으로서는 최초로 뉴잉글랜드 지방에 발을 디딘 메리 칠턴, 나다니엘 호손의 소설『주홍글씨』에 나오는 주인공 헤스터의 실제 모델이었던 엘리자베스 페인 등이 영원한 안식의 등을 누이고 있다. 호손은 1800년대 초기에 자주 이곳을 산책하면서 그녀의 묘비에 적힌 글을 읽고 소설의 영감을 받았다고 한다.

자유의 산실

1669년에 조합예배당으로 문을 연 올드사우스 공회당은 원래 존 윈드럽 주지사 기념공원 내에 지어졌던 것인데, 현재는 보스턴 시내의 워싱턴과 밀크가가 만나는 자리에 위치하고 있다. 초기에 목재로 지어진 공회당 건물은 1729년에 보다 견고한 벽돌로 개축되었으며, 신도들의 희망에 따라 순수 청교도 양식에 의해 단순하고 깨끗하며 장식이 절제된 형태로 완성되었다. 예배소는 길고 낮은 외관에, 색상이 요란한 스테인드글라스 대신 투명 유리창을 갖추어 소박한 아름다움을 가졌다. 예배를 보는 중앙 홀은 길고 좁은 의자와 개별실로 나뉘어져 있는데, 개별실은 부유층에 대여되어 그들의 편의에 따라 고급 천으로 안락하게 꾸미는 등 임의로 사용할 수 있었다. 그리고 두 개의 층으로 구성된 위층 발코니에는 종이나 노예 또는 빈민자 등 사회적으로 그다지 환영받지 못하는 계층을 위한 자리도 있었다.

조합적 성격으로 공식 출발한 올드사우스 공회당은 식민시대 내내 시민운동의 본거지 역할을 했는데, 특히 1773년의 보스턴 차 사건을 계기로 역사적인 거점으로서의 명성을 확고히 얻게 되었다. 보스턴 차 사건이란 보스턴 시민들과 인근지역 주민들이 식민국에 부당한 세금을 부여한 영국 정부에 대한 항의를 표명하기 위해, 차 등의 물품을 싣고 온 배를 습격하여 물건들을 모두 항구에 쏟아 부어버린 일련의 저항사건을 말한다(29쪽 참고). 당시 올드사우스 공회당의 주요 일원이었던 애덤 스미드는 바로 이곳에서 차 사건에 대한 무폭력 저항과정을 구상하고 지휘했다. 올드사우스 공회당은 남북전쟁 중 신병집합소로 사용되었으며, 다음 몇 년간은 우체국으로 이용되기도 했다.

1872년 보스턴 중심가에 치명적인 대화재가 발생하면서 올드사우스 공회당은 겨우 뼈대 몇 조각만 남게 되었다. 시위원회는 잔여 부분을 최대한 복원시켜 코플리 스퀘어[4]에 새로운 건물을 짓기로 했다. 역사적 의미가 남다른 이 건물을 헐어버리려는 데 대한 시민들의 항의가 거세게 계속되는 가운데 작업은 비밀리에 진행되었다. 그러나 귀중한 역사의 흔적을 보전하기 위한 최선의 방책을 마련하려는 목표 아래 이러한 갈등은 곧 현실적인 이해로 귀결되었다.

자선가들은 아낌없이 기금을 내놓았고, 교회는 자체적으로 미국역사교육 프로그램을 만들어 교사나 학생들에게 제공함으로써 공회당 보전의 근거를 더욱 공고히 다져갔다. 윈델 필립스나 줄리아 W. 호우, 랠프 W. 에머슨 등의 당대 지식인들이 이 운동에 참가하여 교회 보전의 필연성을 역설하였고, 시민단체 특히 여성단체들도 이에 가세해 공식적인 기금모집단을 결성하였다. 마침내 1877년 올드사우스 협의회라는 비영리 사설단체가 설립되었고, 합당한 절차를 거쳐 교회를 역사 유적지 및 박물관으로 바꿈으로써 보스턴 식민시대의 역사를 증언하는 주요 현장을 후대에 전할 수 있는 토대를 마련했다.

교회 코너를 돌아 밀크가로 곧바로 내려가면 벤자민 프랭클린의 생가가 나오고, 멀지 않은 곳에는 그의 형 제임스가 1700년대에 경영하던 인쇄소도 보인다. 벤자민은 이 인쇄소에서 견습공으로 일하며 형이 발행하고 있던 신문 「뉴잉글랜드 커런트」를 통해 정치적 관심을 키웠다. 이 신문은 거침없는 독설로 한때 영국 정부에 의해 발행이 중지되기도 했던 색채 짙은 지방지였는데, 이러한 진보적 전통은 몇십 년 후 바로 이 인쇄소에서 발행된 「보스턴 가제트」를 통해 한층 극단적인 방향으로 나아갔다. 인쇄소 위층 사무실은 당시 애국지사들이 모여 거사를 의논하고 나라의 미래를 계획하는 비밀 아지트로 종종 쓰이기도 했다.

오밀조밀한 작은 골목들이 미로를 이루는 보스턴 시내에서 남북으로 긴 동맥처럼 뻗어 있는 도로가 하나 있는데, 그것이 바로 워싱턴 거리이다. 이 거리의 중심부를 지키고 있는 우아한 붉은 벽돌 건물은 곧 옛 주청사로서, 보스턴 타운이 설립된 지 28년 만인 1658년에 지역 상인들이 서로 거래를 하거나 정부 공무원들이 회의를 하던 곳이다. 보스턴 최초의 공립 건물인 옛 주청사는 원래 전형적인 청교도 양식의 목조 건물이었으나, 1711년의 화재로 거의 소실되다시피 하여 몇 년 후에 높이 2층 반의 멋진 건물로 다시 세워진 것이다. 미국의 첫 대통령으로 당선된 조지 워싱턴이 1789년에 혁명의 산실 보스턴을 방문하여 감격 어린 연설을 하고, 매사추세츠 연방국의 첫 주지사로 임명된 존 핸콕이 취임식을 거행했던 장소 또한 바로 이곳이다. 비교적 근래에는 엘리자베스 2세 영국 여왕이 미국 독립 200주년 기념행사를 축하하기 위해 보스턴을 방문했을 때, 대영제국의 식민청사였던 이 건물 발코니에서 대중연설을 한 바 있다. 바로 이 발코니에서 1776년 7월 18일 영국 정부로부터의 독립이 최초로 공식 선포되었으며, 이후 매년 7월 4일 독립선언행사를 축제처럼 치르고 있다는 것을 여왕은 몰랐던 것일까? 아니면, 역사의 격랑 너머 여전히 이 건물을 아름답게 장식하고 있는, 영국 왕관을 상징하는 사자와 일각수 문양들이 그를 격려한 것일까?

1770년 3월 5일 저녁, 위협적인 눈초리로 다가서는 한 무리의 보스턴 시민을 향해 영국 군대가 총탄 세례를 퍼부었던, 이른바 '보스턴 학살'이라 불리는 불행한 충돌 사건이 일어난 곳도 바로 이 건물 앞이었다. 미국혁명을 위해 흘린 첫 핏자국을 기리기 위해 이 학살 사건의 현장인 주청사의 동편 발코니 아래에는 조그만 조약돌을 모아 만든 화환 안에 붉은 색의 별

하나를 선연히 새겨 놓은 문양이 있다.

아메리카 식민지에 대한 영국의 인지조례 이래 미국 곳곳에서 부당한 세금 정책에 대한 저항이 일어나기 시작했다. 보스턴에서는 사무엘 애덤스 등의 급진파 정치가들이 중심이 되어 영국 왕권의 폭정을 규탄하는 시위대가 조직되었고, 이들은 민중과 함께 거리로 뛰쳐나가 이러한 강제성 조례들을 불법으로 규정하고 종주국에 대한 비판적 성명을 발표했다. 매사추세츠의 심각한 저항을 무정부적 상황이라 판단한 영국 정부는 질서 회복이라는 명목으로 군대를 투입하기로 결정했고, 마침내 1768년 10월에 두 연대의 보병군이 보스턴에 파견되어 주청사 건물을 점령하였다. 불과 15,000명 남짓의 주민이 살고 있는 이 조그만 항구도시에 4,000명이 넘는 외인부대가 무장 주둔하고 있는 형세란 그야말로 언제 터질지 모르는 화약고를 품고 있는 것과 같은 위태로운 상황이었다.

1770년 3월 눈발이 흩날리는 어느 추운 저녁, 킹가의 세관 건물 앞에서 홀로 보초를 서고 있는 영국 군인을 한 젊은이가 짓궂게 놀려대고 있었다. 지나가는 사람들은 마침 좋은 구경거리라도 생긴 듯 힐끔거리며 재미있어 했고, 이에 모멸감을 느낀 군인은 초소를 걸어 나와 젊은이의 따귀를 후려쳤다. 이를 본 주변의 군중들은 매우 적대적인 눈초리로 몰려들기 시작했고, 때마침 올드사우스 공회당의 종소리가 울려 퍼지자 평소 화재경보기의 역할을 해온 이 종소리에 놀라 주민들이 집 밖으로 우르르 몰려나왔다. 결코 호의적이라 할 수 없는 표정으로 점점 수를 더해 몰려오는 군중에 홀로 맞선 보초병은 다른 위병에게 고함을 질러 도움을 청하였다. 당직 장교였던 토머스 프레스턴이 7명의 부대원과 함께 쫓아 나와 포위된 보초병 옆에서 총을 겨눈 채 군중들과 대치상태에 들어가게 되었다. 군중들이 점점 주위를 압박해 들어오면서 총을 빼앗고 폭력을 행사하려 하자 장교는 대원들에게 전투태세에 임할 것을 명령했다. 바로 그 순간 "발포!"라는 소리가 어디선가 들렸다.

현장에 있던 모든 이들이 그것은 프레스턴 장교가 내린 명령이 아니었다고 증언했으나 사실 그 목소리의 주인공이 누구였는지는 아무도 모른다. 이 사건으로 세 명의 미국인이 즉사했고, 부상을 입고 병원으로 실려 간 8명 중 2명도 사망했다. 상황이 나날이 험악한 국면으로 치닫자 총독 대리는 더욱 심각한 유혈사태가 벌어질 것을 두려워한 나머지 영국 군대를 보스턴 외곽의 캐슬 섬으로 내보냈다. 그리고 사건의 모든 과정이 명백한 절차를 통해 법정에서 공정히 심판될 것을 성난 군중들 앞에 약속했다. 재판의 결과는 어떠했을까? 결국 발포한 당사자나 명령을 내린 책임 장교 모두 정당방위에 의한 무혐의로 판정되었다(그러나 폴 리비어는 이 비극적 사건을 기려 "킹가에서 자행된 유혈적 대학살"이라 하며 발포 장면을 선명히 새겨 후대에 전하고 있다).

보스턴의 애국정신을 가장 웅변적으로 증언해주는 이날 저녁을 잊지 않기 위해, 킹가에서는 매년 3월 5일 사망인들을 추모하는 연설 행사가 열린다. "이 거리는 우리 형제들의 피로 얼룩졌고, 우리의 귀는 죽어가는 이들의 신음소리에 상처 입었으며, 우리의 눈은 죽은 이들의 갈기갈기 찢긴 몸을 보아야 하는 고통을 겪었습니다." 후일 존 애덤스 대통령은 "바로 그날 저녁, 미국 독립의 초석이 놓여졌다."며 사건의 의미를 되새겼다.

어느 작가가 언급한 대로 "바로 이 현장과 주변에서 일어난 모든 사건에 대한 기념비"라는 의미를 묵묵히 전해주는 옛 주청사 건물은 수려한 외관까지 갖추어 지역의 자랑거리가 되었다. 그러나 세월의 흐름과 함께 수리나 개조공사, 화재 등의 고난을 겪으면서, 1800년대 중엽에 들어서는 차라리 철거하는 것이 좋겠다고 생각될 만큼 황폐한 모습으로 변해갔다.

1870년대 말경 국가 성지로서의 '경애로운 미국 시리즈'를 미시간 호수 주변에 설치할 계획을 세운 시카고시市는, '미 역사의 산 증인이 되는 보스턴 옛 주청사 건물을 구매하고 싶다'는 의향을 보스턴에 보내왔다. 자신들의 귀중한 역사적 자산을 스스로 지키기로 뜻을 모은 보스턴 시민들은 시민연합회를 만들고, 옛 주청사 건물이 소생되어 최대한의 역할을 할 수 있는 방안을 찾고자 연일 회의를 거듭했다. 18개월 동안의 보수공사를 거쳐 냉난방 시설 및 누수공사, 창고와 전시장 확장작업 등을 마치고 새롭게 선보인 옛 주청사 건물은 박물관이자 전시장일 뿐만 아니라 보스턴 역사에 대한 교육의 장으로서 많은 시민의 사랑을 받아오고 있다.

자유를 초대한 파티

　보스턴시의 심장부 역할을 하는 정부 청사 쪽으로 발길을 옮기다 보면 번잡한 도시풍경 가운데 잠시 향수어린 포근함을 안겨 주는 물건 하나가 눈길을 끄는데, 바로 시어스 크레센트 건물에 매달려 쉼 없이 수증기를 내뿜고 있는 구리 주전자가 그것이다. 이 주전자는 1874년 동양차회사가 문을 열면서 홍보 차원에서 찻주전자 하나를 회사 건물 앞에 매달아 놓고 정확한 용량 알아맞히기 대회를 열어 온 시민의 관심을 모았던 행사의 주인공이다. 유난히 길고 추운 보스턴의 겨울 거리를 숨 가쁘게 보글거리며 뿜어내는 도시의 옛 추억의 향기로 달래주려는 것일까? 이런 감상에 젖다보니 발걸음은 절로 보스턴 차 사건의 현장으로 향하게 된다.

　1773년 영국 정부는 차조례를 통과시켰는데, 이는 팔리지 않은 차를 창고에 겹겹이 쌓아두고 있는 영국 동인도회사를 파산에서 구하려는 목적에서 고안된 법안이었다. 즉, 회사 측이 차를 직접 식민지에 가져가 소비자에게 팔 수 있도록 함으로써 회사는 물론이려니와 인도에 대한 영국인의 이익을 보장하고, 동시에 차를 싼 값에 공급함으로써 미국인들과도 보다 우호적인 관계를 수립하려는 계산도 깔린 것이었다. 그러나 미 상인들은 영국의 이러한 조치를 차에 대한 독점판매권을 획득하여 자신들의 상업 활동을 저지하려는 의도로 이해하였고, 오랫동안 불만을 쌓아온 다른 식민지 진보주의자들과 힘을 합쳐 구체적인 대응책을 강구하기로 결정했다. 샘 애덤스 등 대서양연안 항구도시의 무역관계 지도자들은 탄원서를 돌리고 민중을 설득하여, 영국 차가 미국 땅에 들어오는 것을 막기 위한 대중적 시위를 주도했다. 이러한 노력을 노골적으로 무시하는 듯 1773년 말에 조지 3세의 명령으로 차를 실은 영국 배 세 척이 매사추세츠 땅을 향해 들어오자, 이를 본 미국인들의 분노는 극에 달했다.

애국지사들이 올드사우스 공회당에 모여 회의를 거듭한 결과, 일단은 배가 본국으로 돌아갈 것을 요구하기로 했다. 그러나 당시 영국 정부로부터 임명된 주지사였던 토머스 허친슨은 이 제안을 묵살했고, 분노한 지사들은 마침내 자신들이 직접 나서서 일련의 행동을 취하기로 결정을 내렸다. 어느 토요일 이른 저녁, 인디언 원주민 모호크족으로 변장한 그들은 배가 정박된 보스턴항으로 몰려가 9,000파운드의 값에 달하는 90,000파운드 무게의 차 114상자를 항구에 쏟아 부어버렸다. 수많은 시민들이 숨 막히는 침묵 속에서 이를 지켜보고 있었고, 마침내 행동을 끝낸 그들은 군중들 틈에 섞여 유유히 시내로 빠져나갔다. 터질 듯한 긴장 속에서도 영국군은 끝내 나타나지 않았으며, 총소리 한 방 울리지 않고 부상당한 사람이나 파손된 선박조차 없는, 그야말로 완벽한 승리 속에 치러진 파티였다.

이 사건을 종주국에 대한 명백한 시위행위로 해석한 영국 정부는 보스턴을 저항의 근원지로 간주하고 신속하고도 단호

한 보복조치를 취했다. 1774년 봄, 영국 의회는 강제 조례라 할 수 있는 일련의 법령을 통과시키면서 이 괘씸한 도시의 정치·경제적 위상을 무너뜨리고자 했다. 보스턴 항구에서는 일체의 교역과 상업 활동이 중지되었고, 매사추세츠주에는 계엄령이 선포되었으며, 식민지 중심부도 보스턴에서 살렘으로 옮겨졌다. 적어도 손실된 찻값을 충분히 치를 만큼의 '무자비한 법령들'이 잇달아 적용되었고, 오랜 기간에 걸쳐 사건의 주동자를 탐문 색출하여 엄중히 처벌함으로써 이 사건은 마무리되었다. 그러나 이것은 신대륙에서 대영제국의 종말을 고하는 서곡을 울린 차 파티였다.

자유를 비춘 등불

시내 중심부를 벗어나 보스턴 북부로 향하다 보면 폴 리비어의 집을 방문하게 된다. 보스턴의 북동편에 위치한 이 집은, 뛰어난 은 세공사이자 독립전쟁의 영웅인 폴 리비어가 두 명의 부인으로부터 얻은 열여섯 명의 자녀와 함께 살았던 곳이다.

보스턴 태생의 저명한 금속공예가이자 열렬한 애국자이며 노련한 승마기사였던 폴 리비어가 이 집을 산 것은 1770년의 일이었다. 이후 그는 화가들에게 세를 주기도 하다가 1800년에 집을 팔고 인근으로 이사했다. 1818년 리비어가 죽고 난 후 건물의 구조가 변경되었고, 이 지역의 민족적 특성을 반영하듯 이탈리아 은행이나 유태인 야채가게 등이 건물의 1층에

폴 리비어 동상

들어섰다. 세월이 흐르면서 리비어가 역사에서 잊혀져 가는 동안 건물은 부실한 관리로 인해 많은 부분이 파손되었고 점차 흉물스럽게 변해갔다. 그러던 중 리비어의 증손자 존 P. 레이놀드가 이끄는 시민단체인 '폴 리비어 기념회'에서 이 건물을 사들였고, 시의 허가를 얻어 건축가 조셉 샌들러의 감독 아래 대대적인 보수작업에 들어갔다. 이리하여 건물은 17세기 당시의 형태 그대로 복원되어 초기 보스턴 식민지 시절의 건축양식을 오늘날까지 전해주게 되었다.

당시 리비어의 가족들이 사용했던 가구나 침대, 지팡이 등의 유물이 각지에서 기증되었으며, 대를 이은 훌륭한 공예가 리비어가 직접 만든 등롱燈籠이나 부싯돌 장치에 의해 발화되는 총, 안장 가방 등을 비롯하여 부인이 쓰던 밀방망이나 백랍 접시, 침상용 물병 같은 유품들도 시간을 멈춘 채 주인을 기다리듯 거실에 그대로 자리하고 있다.

리비어의 집을 나와 계속 북부로 향하다 보면 살렘가에서 아름답게 빛나고 있는 흰 교회 첨탑에 발걸음이 절로 이끌리는데, 이 교회가 바로 올드노스 교회이다. 숫자가 점점 늘어나는 킹 교회의 교구민을 분담하기 위해 1723년에 지어진 이 교회는 역사상 두 번째로 보스턴에 설립된 교회이자 현존하는 것으로서는 가장 오래 된 영국계 아메리카 교회이다.

올드노스 교회의 종루鐘樓는 롱펠로우의 시 「어느 노변 여인숙 이야기, 주인장이 들려주는 이야기: 폴 리비어의 질주」(1863)에 인용됨으로써 역사적인 애국 현장으로 기록되었다.

> 애들아, 가만 귀 기울여 보라
> 1775년 4월 18일 한밤
> 폴 리비어가 말을 타고 질주하는 그 소리가 들려 올 테니
> (중략)
> 그는 친구에게 말했지, "오늘 밤 영국군이 육지나 바다로 건너오면
> 노스 교회의 아치 종루에 등을 달아 주게, 신호로 말일세.
> 만약 육로로 온다면 하나, 해로를 건넌다면 두 개의 등을;
> 나는 반대편 해변에서 만반의 태세로 기다리겠네.
> 온 국민이 일어나
> 미들섹스를 향해 총을 겨누어 달려갈 수 있도록"

폴 리비어의 친구이자 교회 사찰인 로버트 뉴먼은 1775년 4월 18일에 교회 종루의 등불을 두 개로 밝혀 영국군이 해안을 건너 침입하고 있다는 것을 알렸다. 리비어는 때마침 만조를 타고 있었기 때문에 멀리 북쪽의 높은 교회 종루에서 두

독립혁명에 주요한 역할을 했던
교회 종루 등불

줄기의 불빛이 비치는 것을 분명히 볼 수 있었고, 이 신호를 읽은 그는 콩코드와 렉싱턴으로 달려가 침입군의 해상 내습을 알려 반격을 준비하도록 했던 것이다. 비밀리에 움직이고 있던 영국군들은 미처 해안에 닿기도 전에 발각되어 콩코드 출병작전은 결국 실패로 돌아가고 말았다. 롱펠로우의 이 시는 대대로 교과서에 인용되어 오늘날에도 보스턴의 학생들이 노래처럼 즐겨 암송하는 구절이 되었다.

올드노스 교회의 주요 장식품들의 대부분은 영국 정부 관리와 끈이 닿아 있는 부유층 세도가 모임에서 정신적 지도자 역할을 하던 커틀러 박사가 1744년에 영국에서 직접 구해온 것들이다. 이중 "북아메리카에서 대영제국을 위해 울리는 첫 종소리"라든가 "신의 은총을 노래함으로…… 신이여, 대영제국의 교회를 보호하소서." 등의 문구가 새겨진 여덟 개의 차임벨 소리는 가히 압권이다. 이 매혹적인 종소리는 요즘도 매 주일 11시 예배가 끝날 때나, 7월 4일 독립기념일을 비롯한 주요 역사 기념일과 대통령 취임식 등에서 울려 퍼지고 있다. 교회 의자 안쪽에는 200여 년 전 혁명을 빛낸 애국인물들의 이름을 청동판에 새겨 놓았는데, 지금도 폴 리비어의 자손들은 그의 이름이 새겨진 54번 좌석에서 예배를 보고 있다. 1975년 4월 제럴드 포드 대통령은 올드노스 교회에서 국가 수립 200주년 기념식을 거행하였고, 이듬해 7월 11일에 필립 왕자를 대동하여 보스턴을 방문한 영국 엘리자베스 여왕이 공식 여정의 첫 발걸음을 내딛은 곳도 바로 이 교회였다.

올드노스 교회는 오늘날에도 전통적 예배의식을 그대로 따르고 있다. 한편 독립전쟁 중 영국 정부에 의해 강제 폐쇄되었던 쓰라린 경험을 되살려, 종단을 초월하는 대범한 신앙자세를 견지하면서 어떤 정치적 사회적 입장에도 편견 없이 설교대를 개방하고 있다. 오늘날 이 교회를 일컫는 또 다른 명칭인 '크리스트 교회'는 바로 이러한 이념을 반영한 것이리라.

교회로부터 얻은 평온한 기운을 안고 자유를 순례하는 우리의 발걸음은 어느덧 찰스강 이쪽 편에서는 마지막이 되는 지점에 닿아 있다. 이제, 쉼 없이 흘러가는 강물의 무심한 평화로움에 둘러싸인 아름다운 정원묘지에 앉아 역사의 가쁜 호흡을 잠시 가다듬어 보는 것도 감미로운 여유가 될 듯하다.

북부지역의 주민을 위한 공동묘지로 마련된 코프 힐 묘지는 보스턴에서 두 번째로 오래된 공동묘지로서, 1660년 이후의 서너 세대로 나뉘어 구성되어 있다. 묘지에 명칭을 선사한 윌리엄 코프라는 사람은 신발 제조공으로서 이 땅의 원래 소유인이었는데, 이후 시에서 터를 사들여 공원묘지로 만든 뒤에는 그 자신도 이곳에 묻혔다. 이 묘지에는 노예들을 위한 구역이 따로 있는데, 이 노예 묘지 입구에는 프린스 홀을 위한 기념비가 높이 서 있다. 그는 노예에서 방면된 자유인으로서 보스턴 자유흑인연합회의 지도자이자 흑인 아동학교가 보스턴에 창설될 당시 막강한 후원자였으며, 세계 최초의 흑인 프리메이슨 모임[5]인 매사추세츠 아프리카인 대집회를 처음으로 결성한 인물이다.

1630년대 중엽 보스턴에서 처음으로 풍차가 설치된 곳이기 때문에 일명 '풍차 언덕'으로 불리기도 하는 코프힐은, 서풍에만 의지해야 했던 케임브리지와는 달리 대양에서 끊임없이 불어오는 미풍을 이용하여 옥수수를 갈 수 있는 천혜의 조건을 이용한 곳이다. 코프힐 정상은 보스턴과 강 너머 찰스 타운의 아름다운 전망을 가장 잘 내려다볼 수 있는 곳으로서 독립전쟁 중에는 조선소나 선착장이 설치된 요새로 쓰였다. 한편 1775년의 벙커힐 전투 중에는 영국군과 독립군 양 진영의 격전지가 되어 도시 전체가 초토화되고 수많은 전사자의 피비린내가 진동한 비극의 현장이 되기도 했다. "진정한 자유의 아들로서 억압을 증오한 자……." 총탄 자국이 선연히 남아있는 이들의 묘비는 세월을 넘어 자유와 평화의 메시지를 생생한 음성으로 들려주고 있다.

잠시 숙연해진 기분을 안고 내려다보는 찰스강의 물결은 유난히 깊고 깨끗해 보인다. 매년 여름 독립기념일에 무료 음악회를 열어 시민들의 땀을 부드럽게 닦아주는 아름다운 야외 음악당 해치 기념관(Hatch Memorial Shell)을 품고 있는 강변로에는 오늘도 번잡스런 도시살이의 고단함을 식히려 찾아드는 발길이 끊이지 않는다.

승리의 전장

강을 건넌 발걸음을 가장 먼저 반겨주는 것은 깃발을 펄럭이며 항구에서 기다리고 있는 USS컨스티투선호(United States Ship CONSTITUTION)이다. 1797년 10월에 진수한 컨스티투선호는 세계에서 가장 오래된 현역 전투함으로서, 미국이 독립을 쟁취한 이후 나라를 수호하려는 워싱턴 대통령의 절실한 의지에 의해 만들어진 것이다.

1803년에 발발한 프랑스와 영국의 전쟁에서 미국은 중립을 지키고 있었으나, 해군력이 약한 미국은 영국과의 불화를 피할 수가 없었다. 미국과 프랑스와의 무역을 저지하기 위해 영국은 미국 선박을 나포하거나 화물을 압수하는 일을 예사로이 저지르곤 했기 때문이다. 갈등이 계속되자 1812년에 미 의회는 영국군을 공격하기로 결정했다. 하지만 당시 어느 영국 언론의 표현대로 "서출庶出적 방식에 의해 한줌의 전나무 조각으로 제멋대로 만들어진" USS컨스티투선호가 막강한 대영제국의 군함을 상대한다는 것은 그야말로 계란으로 바위를 치는 격이었다. 그러나 예상을 뒤엎고 컨스티투선호는 미국 전투경력 중 가장 빛나는 승리라 할 수 있는 혁혁한 공로를 세웠으며, 이어 브라질과 포르투갈 항만에서도 영국 전함을 물리쳤다. 영국 군함이 퍼부은 총탄을 단단한 참나무 외벽으로 막아

USS 컨스티투션 순양함과 뒤로 보이는 벙커힐 기념탑

낸 컨스티투션호는 온 국민을 믿을 수 없는 흥분으로 들뜨게
했고, 이때부터 "낡은 철갑선"이라는 애칭으로 불리게 되었다.

총 40회에 걸친 전투경력에서 전승무패라는 자랑스러운 기
록을 남긴 USS컨스티투션호는 자신의 임무를 완벽히 마친 다
음 시민들의 열렬한 환영을 받으며 고향인 보스턴으로 돌아왔
다. 1828년, 몇 년간의 휴식 끝에 지중해 항해를 마치고 돌아
온 '낡은 철갑선'은 미 해군사령부의 결정으로 마침내 소멸될
운명에 처해졌다. 그러나 어느 하버드 학생의 시가 발표되면
서 이러한 결정에 반대하는 시민들의 움직임이 조성되었다.
그는 바로 훗날 국민적 존경과 사랑을 한 몸에 받은 작가 올
리버 웬델 홈즈Oliver Wendell Holmes(1841~1935)였다.

패전군의 무릎이 꿇리고
영웅들의 피로 한때 붉게 물들었던 그 갑판,
바람은 물결 위를 바삐 지나고
파도가 아래서 하얗게 부서지고 있었다.
이젠 다시
승리자의 행진도 없고
패자의 꺾인 무릎도 볼 수 없겠지―
해변의 하피6)들만 바다수리를 낚아채고 있을 거야!

―「낡은 철갑선Old Ironsides」(1830) 중

몇몇 뜻있는 정치인의 지원을 받아 존 F. 케네디의 외조부인 존 F. 피츠제럴드는 컨스티튜션호가 역사 기념물로 보존되어야 함을 의회에 나가 역설했다. 이러한 범시민적인 노력 끝에 드디어 의회는 군함을 보존하는 데 필요한 재정을 지원하기로 결정했다. 이때 최소한의 보수 수리가 이루어졌으나, 진수한 지 100년이 지난 1897년 무렵 목조선은 다시 부패하기 시작했고, 1905년에는 실험 군함으로 사용될 것이라는 명목으로 또 다시 소멸론이 제기되었다.

컨스티튜션호의 소멸론이 또다시 격렬한 반대에 부딪치자 의회는 10만 달러를 들여 이를 수리한 후, 박물관을 겸해 20년간 부두에 정박시켜 놓았다. 한때 아메리카의 용맹을 상징하던 배가 20년 동안이나 무력하게 부두에 묶여 있는 것을 바

라보는 시민들의 불만은 곧 거센 항의로 이어졌다. 의회는 1925년, 의회는 "컨스티튜선호의 개축은 허락하나 재정문제는 책임질 수 없다."는 결론을 내렸다. 그러나 어린 학생들까지 기꺼이 주머닛돈을 보탠 시민기금이 예산에 못 미치자 결국 의회에서 부족액을 채우기로 하고 군함은 대대적인 공사에 들어갔다.

1931년 독립기념일을 이틀 앞둔 7월 2일, 거의 새로 만들어지다시피 한 컨스티튜선호는 3년의 기간 동안 91개 항구를 방문하는 긴 항해길에 올랐다. 가는 곳마다 많은 사람들의 환영을 받으며 아메리카의 위용과 영광을 다시 한 번 자랑한 배는 마침내 무사히 일정을 마치고 보스턴으로 돌아왔다. 이후 현재까지 보스턴 항만 해군기지에서 기함의 역할을 하고 있으며, 매년 깃대를 높이 세운 소방선의 호위 아래 보스턴 항구를 돌아보는 순양 행사를 하고 있다.

컨스티튜선호의 뒤편으로 시선을 끄는 높은 탑 모형이 바로 벙커힐 기념비다. 1775년 6월 17일에 일어난 벙커힐 전투는 독립전쟁 중 가장 빛나는 성과를 거둔 전투였을 뿐 아니라 적군에게 매우 결정적인 타격을 가한 전투였다.

렉싱턴이나 콩코드에서의 4월 전투 이후 혁명군은 더욱 치열한 전투태세로 케임브리지에 주둔해 있었고, 영국군 역시 크게 보강된 팀으로 보스턴에 들어와 있었지만, 양 진영은 이렇다 할 별 심각한 갈등 없이 비교적 평온한 시간을 보내고 있었다. 혁명군과의 전쟁은 '누워서 떡먹기'란 식으로 까닭 모를 자신감에 넘쳤던 영국군들은 전투 준비는 소홀히 한 채 오후 늦도록 빵을 굽고 고기요리를 즐기는 등 '매시간 체력강화'에만 주력하고 있었다. 그에 반해 혁명군들은 게이지 장군의 계획을 미리 알아내어 선제공격을 퍼붓기로 하고 치밀한 준비를 하고 있었다. 이들은 거의 하룻밤 만에 흙과 목재로 요새를 세우고 완벽한 방어를 준비하며 전투에 대비했다.

오후 2시경 해안에 나타난 영국군이 먼저 공격을 시작했다. 그들은 키 높은 풀잎에 가린 돌담을 보지 못한 채 삼면으로 줄을 맞추어 혁명군을 공격해왔다. 30°C 안팎의 무더운 날씨에 영국 군인들이 입고 있던 모직 외투는 점점 무겁게 내려앉았고, 게다가 등에 진 담요와 50kg이 넘는 사흘분의 식량은 행진에 전혀 도움이 될 리가 없는 짐짝일 뿐이었다. 오히려 붉은색 외투에 선명히 그어진 흰색 십자가 문양은 적군의 표적이 될 뿐이었다. 격렬한 전투로 인해 어느 부대에서는 부대원의 75% 내지 90% 이상이 사망하였고, 사방은 곧 참혹한 피바다로 변했다. 대부분이 영국 군인이라 밝혀진 1,400여 명의 사망자가 속출한 것은 불과 1시간 반 만의 일이었고, 마침내 게이지 장군은 "반란군은 우리가 생각했던 것만큼 멍청이들이 아니다."라는 회한을 토하게 되었다.

그러나 포병대와 지원군이 가세된 영국의 세 번째 공격 앞에 혁명군은 장비 부족과 작전 실수로 무릎을 꿇고 말았다. 비록 혁명군은 전투에서 패하였으나 조지 워싱턴 장군과 함께 싸웠던 젊은 흑인 전사 살렘푸어는 '아름다운 군인'으로 선정되어 1976년 독립 200주년 기념우표를 장식했다. 또한 찰스타운에서는 매년 6월 17일 화려한 퍼레이드를 곁들인 행사를 통해 이 전투를 기념하고 있다.

1825년 6월 17일 벙커힐 전투 50주년 기념행사에서 기념비의 초석이 놓이던 날, 국빈으로 초대된 프랑스 라파예트 후작과 200명의 전사들은 "벙커힐 전투의 결과는 다른 어떤 전투의 그것보다 훌륭한 것"이라며 감동을 되새겼다. 건축가 솔로몬 윌러드가 "국민으로서의 의무"라며 무료설계를 자청함과 동시에 시작된 화강암 기념비 설립 공사는 기념비가 12m 높이까지 세워졌을 무렵, 자금부족으로 중단되었다. 이후 1834년에 13.5m의 높이가 추가되었으나 자금문제로 공사는 또다시 멈추고 말았다.

얼마 후 독립전쟁에 참전한 장교의 딸인 사라 J. 해일이 「레이디스 매거진」이라는 잡지에 벙커힐 기념탑 설립에 대한 기사를 기고하였는데, 이 호소문이 전례 없는 호응을 얻음으로써 기념탑 설립 사업은 활력을 되찾았다. 협회가 조직되었고, 본래 남성들로만 협회원이 구성되었던 전례에 따라 여성들의 참여가 거부되었으나, "여성 측의 행위들이 남성의 권위를 결코 추락시키지 않을 것"이란 조건하에 여성들도 협회의 일원으로 이름을 올릴 수 있었다. 여성회는 「단합의 결실」이라는 시를 통해 시민들의 애국심을 독려하였고, 국내 각지에서 모여든 여러 여성들과 함께 보스턴 제일의 전시장인 퀸지 회관에서 바자회를 개최하여 예상외의—특히 남성 측이 보기에—

큰 수익을 올렸다. 이러한 노력이 뉴잉글랜드 지방의 각종 언론매체를 통해 널리 알려지면서 기부금이 꼬리를 물고 도착했고, 이를 바탕으로 마침내 총 66여m에 달하는 294층의 화강암 탑이 세워지게 되었다. 애초에 시민들의 기금으로 시작되었으나, 자금 부족으로 번번이 중단되어야 했던 기념탑 설립이 끝내 시민들의 정성으로 완공된 것이다.

한편 벙커힐 기념탑 설립 과정에서 얻은 또 하나의 귀중한 보람은 사라 J. 헤일에 의해 미국 최초의 여성단체가 조직되었다는 사실일 것이다. 이 단체의 눈부신 활동을 통해 여성의 사회적 역할이 남성들에게도 적지 않은 도움이 된다는 사실이 입증되었기 때문이다.

전통의 긴 숨결

　식민지 본부로서 종주국인 영국과 한층 긴밀한 관계에 있었던 보스턴에서는 정치적 상황뿐 아니라 사회 문화적 움직임 또한 미국 내 그 어느 곳보다 빨리, 그리고 활발히 일어났다. 일상에서의 문화적 욕구를 즐길 수 있는 첫 문턱이자 완결 지점이라 할 수 있는 레스토랑을 비롯하여, 근대 소비문화의 전형적 공간인 호텔, 단순한 종교적 기능을 초월하여 사회·정치적 기포들이 떠오르는 교회 등이 설립되면서 보스턴 역사의 지층을 이룬 것이다. 그리고 이들의 대부분은 오늘날까지 명맥을 유지하면서 그 자체가 보스턴의 살아 있는 전통이 되고 있다.

세월이 머무는 곳

　전시장이나 회의실 등을 갖춘 근대식 중앙시장으로 설립되어 18세기 중엽 이래 보스턴의 경제적 중심부 역할을 하고 있던 파누일 회관의 인근에 미국에서 최초로 한 식당이 간판을 내걸었다. 유니언가街에 면해 있는 유니언 오이스터 하우스가 그것으로, 오늘날까지 그 형태를 유지하고 있는 U자형 마호가니 바에서 껍질 깐 굴을 파는 식당이었다. 식당은 1826년에 문을 열었지만 사실 건물 자체는 더 오랜 역사적 위상을 지니고 있다. 이 건물은 1771년부터 독립전쟁이 발발하기 전까지 「매사추세츠 스파이」라는 신문의 본부로서 "모든 파에게 열려 있으나 그 어떤 것에도 영향을 받지 않는" 언론의 교두보가 되었고, 전쟁 중에는 식민지 연합군의 재정회계 중앙사무

유니언 오이스터 하우스

국으로 사용되기도 했다. 또한 프랑스혁명(1789~1794) 중에는 루이 필립[7]의 임시 망명지가 되어, 그가 2층의 침실에서 수학과 불어를 가르치면서 겨우 생계를 연명해나갔던 곳이기도 하다. 이러한 발자취가 담긴 이 유니언 식당은 바로 마주하고 있는 홀로코스트 기념비와 묘한 역사적 조화를 이루는 가운데, 오늘날에도 보스턴의 유명 인사나 정치가들이 오랜 전통과 옛 미각을 함께 즐기는 장소로 사랑받고 있다.

파누일 회관 북쪽의 노스마켓가에 있는 더진파크 역시 오랜 전통을 자랑하는 식당이다. 유니언 오이스터 하우스보다 일 년 늦은 1827년에 문을 연 이 식당은 예스러운 맛을 훌륭히 살려내는 솜씨로 많은 배우, 정치가, 작가, 예술인들의 발길을 불러 모았다. 부엌이나 홀의 구조는 약간 바뀌었지만, 천장에서 길게 내려와 실내를 은은히 비춰주는 갓 없는 알전구라든가, 붉은 체크무늬 보자기로 장식된 식탁과 그 위를 항상 지키고 있는 큼직한 물 주전자, 투박하면서도 정겨운 표정으로 손님의 손길을 기다리는 냅킨꽂이 등은 세월의 때가 묻은 것들이다. 다른 주류는 팔지 않고 약한 사과주를 내놓는 옛 풍습 역시 더진파크가 시대의 변화에 변함없이 지키고 있는 전통이다. 대합조개 잡탕이나 인디안 푸딩이 이 식당의 별미인데, 제철에는 사슴고기 파이나 곰 스테이크, 혹시 운이 좋은 날에는 너구리고기도 맛볼 수 있다. 적당한 가격에 음식도 푸짐하고 종업원들의 태도도 친절하여 일정한 날의 일정한 시간에, 일정한 테이블에서 일정한 종업원으로부터 접대받기를 고집하며 드나드는 단골손님이 요즘에도 상당수 있다고 한다.

1855년 10월, 트리먼트가와 스쿨가가 만나는 코너, 즉 킹 예배당이 바로 보이는 보스턴 시내 요지에는 당대의 저명한 건축가 그리들리 브라이언트의 설계로 지어진 5층짜리 흰 대리석 건물이 문을 열었다. 바로 파커호텔이었다. 호텔의 주인인 하비 파커는 이제 보스턴에서 차츰 보기 힘들어지고 있는 고전적 인습, 즉 손님이 도착하자마자 달려가 정중한 인사를 건네며 맞이하는 장인적 공손함을 항상 중요시하고 또 기꺼이 실천하는 사람이었다.

이러한 호의와 멋진 도회적 분위기를 즐기기 위해 많은 시인이나 철학자, 정치가들이 이곳에서 모임을 갖고, 더불어 독특한 맛으로 소문난 파커식당의 양 뒷다리 요리를 셰리(스페인산 백포도주)가 든 청량음료나 뇌조雷鳥 스카치와 함께 즐기곤 했다. 1860~1870년대에는 올리브 W. 홈즈나 랠프 W. 에머슨, 제임스 R. 로웰, 롱펠로우, 호손 등 당대 최고 작가들이 중심이 된 토요문학모임이 이곳에서 종종 개최되었고, 찰스 디킨스가 1868년에 보스턴을 방문했을 때 이 모임에 합류하면서 호텔 338호 특별실에 머물렀다는 기록도 남아있다.

또한 남북전쟁 시기(1861~1865)에는 그랜트, 핸콕, 셔먼, 가필드 등의 장군들과 사라 버나르트나 에드윈 부스 같은 정치가들도 이곳에 묵으며 전략을 구상했다고 한다. 수차례의 재정적 위기나 크고 작은 보수공사를 거치며, 파커호텔은 오늘날까지 사용되고 있는 미국의 가장 오래된 호텔로서, 화려한 명사들의 발자취를 세월에 간직한 채 보스턴 중심가를 지키고 있다.

역사를 지키는 첨탑

19세기 전후에 흑인들이 많이 모여 살았던 비컨힐 북쪽에 자리하고 있는 아프리카 집회당은 미국에서 최초로 설립된 흑인 교회로, 요즘에도 예배의식이 이루어지고 있다. 식민지 시절에 대개 노예 신분이었던 보스턴의 흑인들은 인근 백인 교회에서 백인들과 함께 예배를 보았는데, 사회적 신분이나 피부색이 다른 그들은 '흑인석'으로 내몰려 예배 내내 숨을 죽이고 앉아 있어야만 했다. 독립전쟁이 끝나고 매사추세츠주가 노예독립을 선언하자 보스턴의 아메리카 흑인들은 백인 교회로부터 독립하여 그들 고유의 예배형식을 되찾기 시작했고, 마침내 1806년에 여느 백인 교회 못지않은 아름다운 건물을 독자적으로 가지게 되었다.

적어도 남북전쟁이 일어나기 전까지 아프리카 집회당은 남북전쟁이 일어나기 전까지 예배를 보는 장소였을 뿐만 아니라 기독교를 통하여 마음의 평온을 얻고 정신을 고양하는 곳으로서, 보스턴 아메리카 흑인들의 생활에서 중심지 역할을 했다. 나아가 교회가 점점 안정된 체계를 갖추면서 흑인 사회의 문화·경제적 근거지로 발전하게 되었다. 보스턴에서 처음으로 흑인학교가 시작된 곳도 아프리카 집회당의 지하였으나, 이후

1854년 주 연방법에 의한 학교 통합령으로 인근 아비엘 스미스 학교에 편입되었다. 뿐만 아니라 이 집회당은 윌리엄 로이드 개리슨이나 웬델 필립스와 같은 노예제 폐지 운동가들의 주 활동무대가 되었으며, 예속된 노예들이 캐나다 등지로 탈주할 때 피난처가 되어준 곳이기도 하다.

세월이 지남에 따라 아프리카 집회당은 많은 건축적 변화를 거쳤고, 1964년에는 아프리카계 아메리카 역사박물관이 부설기구로 설립되었다. 10년 후에 집회당과 박물관이 국가 유적으로 지정되면서, 1854년의 원래 모습대로 복구되어 1987년에 일반인들에게 공개되었다. 오늘날 이 교회에서는 역사 교육 프로그램을 제공하며, 전시·강의·영화·음악회 또는 강연회 등을 통해 아프리카계 미국인들의 역사적 위상을 대변해주고 있다.

트리니티 교회는 킹 예배당과 올드노스 교회에 이어 보스턴에 세 번째로 세워진 영국계 성공회교회이다. 이 교회는 크리스마스 캐럴 「베들레헴 작은 마을」의 작사자로 잘 알려진 필립 브룩스 목사의 요청에 의해 파리 미술학교 출신인 리처드슨이 설계한 것으로서, 미국건축가협회가 선정한 '국내 훌륭한 10대 건축물' 중의 하나로 꼽힌다.

지금의 교회 건물은 1872년에 발생한 화재로 타버린 본래의 건물을 대신하여 두 번째로 지어진 것인데, 매립 신도시 백베이에 터를 잡았기 때문에 무엇보다 건물의 안정성이 문제가 되었다. 수많은 어려움 가운데 오랜 기간에 걸쳐 완성된 교회 건물은 그 장엄한 외형미뿐만 아니라 내부의 황홀한 아름다움으로 그간의 노고에 충분히 답하는 것이었다. 약 30m 높이의 원형 천장을 떠받치고 있는 검은 월넛 대들보와 폭넓은 기둥들은 화려한 조각들로 꾸며져 있으며, 얕은 돋을새김으로 성경이나 성인들에 관련된 주제를 형상화한 작품들을 안고 있는 측면의 벽은 고답적이고도 불가사의한 성스러움을 압도적인 느낌으로 전한다. 흑갈색과 황금색이 섞여 다소 가라앉은 듯한 색상을 띠는 벽면 위로는, 밝고 선명한 스테인드글라스가 금방이라도 흘러내릴 듯 이어지며 분방하면서도 순연한 경건함을 자아내고 있다. 브룩스 목사가 친구에게 고백했듯이 "설교를 하기 위해 단에 오르면 무엇인가가 나를 둘러싸며 영감처럼 다가오는 신비스러운 체험"을 제공하는 매혹적인 미증유의 공간이 바로 트리니티 교회이다.

1877년 2월, 연방 주지사와 보스턴 시장이 참석한 가운데 첫 예배를 올린 트리니티 교회는 성스러운 예배처일 뿐 아니라 보스턴의 건축 유물 중 빼놓을 수 없는 귀중한 자원으로 여겨지고 있다. 나아가 이 교회는 사회활동에도 남다른 관심을 가져왔는데, 근래에 들어서는 극빈자나 불우이웃을 돕기 위한 프로그램을 더욱 강화하고 다양화시켰다. 뿐만 아니라 에이즈 환자를 위한 자원봉사 제도 주도, 교도소 시사 프로그램 지원, 노숙자들을 위한 편의 마련 및 가정폭력에 시달리는 여성들을 위한 안식처 제공 등에도 적극적인 노력을 아끼지 않고 있다.

트리니티 교회가 존 핸콕 건물에 반사되어 비치는 모습

　1970년대에 들어 존 핸콕 보험회사 사무실이 트리니티 교회 바로 맞은편 자리에 들어서면서 보스턴에 또 하나의 신화적인 풍경이 탄생했는데, 그것은 바로 로마네스크 양식의 아름다운 교회 건물이 회사 외벽에 반사되어 비치는 장면이다. 그 색채와 형상이 환상적인 조화를 이루며 빚어내는 절묘한 아름다움은 이루 말로 표현할 수 없을 정도이다.

아메리카의 아테네

초기의 청교도 정착민들은 예술을 일종의 반기독교적 산물로 이해했기 때문에, 예술의 부흥이나 그와 관련된 활동에 무관심했다. 영국 치하의 보스턴 주민들 역시 영국으로부터의 독립에 온 열성을 쏟느라 예술에 대한 관심에 있어서는 선조 세대보다 나을 게 없는 실정이었다. 실제로 보스턴에서는 18세기 말에 이르러서야 처음으로 공식적인 극장이 세워졌다. 독립 이후 새로운 세기를 열며 미국 제2대 대통령으로 당선된 존 애덤스(1797~1805)가 아내 에비게일에게 보낸 편지에는 이러한 형편에 대한 당시의 정치·사회적 고민이 깊이 드러나 있다: "나는 지금 정치나 전쟁에 관한 것을 연구해야 한다오. 내 아들들에게 수학이나 철학을 공부할 수 있는 자유를 누리게 해 주려면 말이오. 그러면 다음 자손들은 시나 음악, 미술, 건축 등을 공부할 수 있게 되겠지.”

문화사업은 19세기에 들어선 후에야 경제적 번영과 함께 관심을 받기 시작했다. 1840년대부터 1880년대에 걸친 반세기 남짓한 기간 동안, 주로 개인 기부자들이 제공한 기금으로 극장이나 박물관, 도서관, 미술관, 심포니 오케스트라 등이 보스턴 중심가에 설립되었고, 동시에 미국에서 최초로 지하철이 개통되었다. 이 같은 전대미문의 훌륭한 문화 교육기관들의 혜택을 누리고자 전국 각지에서 작가·예술인 및 정치가들이 보스턴에 모여 들었고, 이들이 펼치는 의욕적인 활동에 힘입어 보스턴은 일약 ‘아메리카의 아테네’라는 별칭을 얻게 된다.

아폴로와 뮤즈의 영지

보스턴 중심가인 스쿨가와 워싱턴가가 만나는 모퉁이에 있는 올드코너 서점은 원래 의약품 제조회사 등이 있던 상가 건물이었는데, 이곳에 서적 판매회사가 들어오면서 지역의 지적 교두보 역할을 하기 시작하였다. 1833년에 윌리엄 티커놀이라는 한 부유한 출판업자가 이 건물을 사서「애틀랜틱 먼스리」라는 잡지의 본부로 만들자, 랠프 에머슨이나 헨리 D. 소로우, 루이자 M. 앨코트, 워즈워스, 롱펠로우, 호손 등의 작가들이 문학토론을 벌이거나 지적 정보를 나누는 장소로 종종 이용하면서 이곳은 보다 중요한 지식인들의 사랑방 역할을 맡게 되

올드코너 서점

었다. 이들의 눈부신 활동에 함께 1840~1850년 무렵의 보스턴은 미국문학을 이끌어 가는 선도적 위치를 확고히 다져가고 있었고, 그 중심 무대가 된 이 올드코너 서점에는 뉴잉글랜드 지역의 작가들이나 전국 각지에서 찾아온 예술가들의 발길이 끊이지 않았다. 뿐만 아니라 멀리 영국의 작가들에게까지 알려져, 윌리엄 터커레이나 찰스 디킨스가 미국 여행 중 즐겨 들렀던 곳이기도 하다. 올드코너 서점은 그야말로 '뉴잉글랜드 지역의 개화가 시작된 곳'으로서 1776년에 발화한 정치 혁명의 진원지이자 정신적 근간이며, 나아가 보스턴이 '아메리카의 아테네'로서 문화 예술의 중심지가 되도록 해준 출발점이라 할 수 있다. 나다니엘 호손의 『주홍글씨*Scarlet letter*』(1850)나 롱펠로우의 『히어워드의 노래*The Song of Hiawatha*』(1855), 줄리아

W. 호우의 『승전가*Battle Hymn of the Republic*』(1862) 등이 바로 이 출판사를 통해 세상에 알려졌다.

그러나 문학적 요람으로서의 전성기가 지나자 올드코너 서점은 세월과 더불어 점점 황폐해졌고, 더군다나 시내 중심가의 도드라진 모퉁이에 위치한 탓에 더욱 눈에 거슬리는 존재가 되었다. 1960년대에 들어서면서 보스턴시는 대대적인 개발 계획을 선포함과 동시에, 올드코너 서점을 허물어버리고 그 자리에 8층짜리 현대식 호텔이나 주 연방 사무국을 지을 것이라고 발표했다. 이 소식에 몹시 분개한 보스턴 시민들은 '역사적인 보스턴'이라는 비영리단체를 만들어 철거될 운명에 놓인 건물을 보전하는 데 필요한 기금을 마련하기로 했다. 거의 하루 만에 필요한 예산 전액이 모두 모금되어 시에 전달되었다. 이어 건물의 벽돌 외벽은 온전히 보존하면서 내부만 수리하는 작업이 치밀한 계획 아래 진행되었고, 서점은 그 명맥을 이어갈 수 있게 되었다. 프리덤 트레일의 과정 중 하나로 포함된 올드코너 서점은 현재 '글로브코너 서점'이라 불리는데, 서적 판매장은 도로에 접한 1층에만 있고, 건물 2층은 보스턴 최대의 유력지 「보스턴 글로브」사의 사무실로 쓰이기 때문이다.

미네르바의 신전들

문학적 부흥에서 비롯된 문화 르네상스의 기운을 타고 훌륭한 수준의 예술관들이 당시 보스턴 곳곳에 설립된 것은 매

보스턴 공립도서관

우 필연적인 일처럼 보인다. 그 초석을 놓은 것은 1848년에 건립된 공립도서관이었다.

미국 최초의 공공도서관이라는 의미를 갖는 보스턴 공립도서관은 보스턴에서 가장 큰 사설도서관을 가지고 있던 조지 티크놀이라는 학자의 헌신적인 노력에 의해 세워졌다. 19세기에 이르러 인문학과 자연과학이 급속도로 발전함에 따라 '인성의 무한한 가능성'에 대한 믿음이 대두되기 시작했다. 티크놀은 이러한 시대적 조류 속에 일반 시민들의 지적 지평을 넓히는데 도움이 되고자, 신분이나 지위에 상관없이 누구나 자유롭게 무료로 사용할 수 있는 도서관을 설립하고자 한 것이다.

보스턴 공립도서관은 미국 역사상 처음으로 일반 시민들을 위해 문을 연 도서관이라는 점 이외에도 최초로 시행한 또 다른 몇 가지 사안으로 전통적인 도서관의 흐름을 바꾸어 놓았다. 우선, 이 도서관에서는 카드등록제를 실시하여 이용객 누구나 카드를 통해 책을 빌려갈 수 있도록 하였다. 그리고 시내·외 인근 지역에 지점을 만들어(현재 28개점) 소장한 자료들을 순회 교환함으로써 보다 다양한 자원을 확보하고, 대출한 지점이 아닌 다른 어느 지점에서라도 자유로이 도서를 반환할 수 있도록 하여 지역주민들의 편의를 우선적으로 고려하였다. 또한 독립된 아동실 역시 이 보스턴 도서관에서 처음 기획하여 마련한 것으로, 오늘날 미 전역 약 10,000여 개 공공도서관의 전범典範이 되었다.

한편 테라스 주변으로 차분하게 펼쳐진 정원을 아늑하게 둘러싼 형태의 본관 건물은 그 건축적 아름다움만으로도 충분히 가치를 인정받고 있다. 입구를 막 들어서며 나란히 자리한 두 청동 조각은 각각 학문과 예술을 상징하는 것으로, 경건하고도 풍성한 기운을 도서관 내부에 가득 채워주고 있다. 이밖에도 오묘한 조화를 이루며 장엄한 위세를 잃지 않는 정면의 화강암, 그와 절묘한 조화를 이루는 우아한 아치형의 창문, 역사의 두께를 입힌 청동 출입문, 이탈리아 플로렌스 궁전의 등불 모양을 본떠 만든 입구 양쪽의 등롱, 그 너울거리는 불길 속에 고즈넉이 드러나는 도서관·시·주 연방의 문장들…….
이처럼 장려하고 세밀한 아름다움이 곳곳에 숨어 있는 풍경에 매료되어, 도서관 앞은 감탄에 찬 표정의 관광객들이 하루 종일 머무는 곳이 되고 있다.

보스턴 도서관이 소장하고 있는 순수미술품과 서적 또한 매우 훌륭한 수준의 것이라 평가받고 있다. 피에르 P. 샤반스의 호화로운 벽화를 따라 헌팅턴가를 향해 있는 서가에는 프리즈 유화로 잘 알려진 영국의 에드윈 A. 아베이의 「성배를 향한 연구」가 다소 어두운 벽면과 명징한 조화를 이루며 걸려 있고, 예술 및 건축 분야를 다루는 3층 서가에는 존 싱어 서전트의 「종교의 승리」가 벽화로 장식되어 있다. 도서관이 소장하고 있는 책은 총 610만여 권에 이르며, 매년 25만 권의 새로운 도서를 구입하면서 더 이상 보관할 필요가 없는 책들은 방문객에게 팔기도 한다. 이밖에도 300만 권 가량의 정부자료, 450만 부가 넘는 마이크로필름 자료를 비롯한 12만여 부의 악보, 7만 5천 점의 유화 및 드로잉이 이 도서관에 소장되어 있다.

보스턴 도서관은 점점 늘어나는 서적을 효율적으로 관리하고 이용객들의 편의를 증진하고자, 1972년 건축가 필립 존슨이 설계한 환상적인 르네상스풍의 근대식 건물을 별관으로 갖게 되었다. 확 트인 개방적인 공간과 실내를 잇는 교각들, 보다 효율적인 조명 장치를 갖추고 있는 별관은 일반인들을 위한 공공장소로 이용되며, 본관은 자료 보관이나 전문연구자들을 위한 공간으로 사용되고 있다.

보스턴 도서관은 최근에 전자매체를 통한 24시간 문답제도를 개설하였는데, 이는 곧 컴퓨터로 전달된 질문 내용에 가장 부합한 답변을 실시간 채팅 형식으로 연결해주는 제도이다.

보스턴 미술관

1876년은 보스턴 역사에 또 하나의 기념물을 선사하게 되는데, 바로 규모나 소장품의 질적 측면으로 볼 때, 미국 내에서 뉴욕의 현대미술관(MOMA) 다음으로 인정받는 보스턴 미술관(Museum of Fine Arts, MFA)이다.

19세기 초기까지 보스턴의 예술품들은 대부분 보스턴 아테네회관에 보관되어 왔는데, 작품수가 점점 늘어남에 따라 보다 넓고 쾌적한 조건을 갖춘 전용 보관소가 필요해졌다. 이러한 요구에 부응하여 보스턴 최초의 전용 미술관이 코플리 스퀘어에 탄생하게 된 것이다. 1876년 7월 4일 독립 100주년 기념일에 맞추어 일반에게 공개된 보스턴 미술관은 R. C. 스터지스와 브리검에 의해 설계된 것으로서, 널찍한 박공博栱벽돌과 고딕풍의 우아한 아치, 화려한 광휘를 내뿜는 대리석 기둥, 그리고 약간은 특이하게 느껴지는 복잡한 내부 구조 등으로 보스턴 시민들의 호기심 어린 관심을 받기에 충분했다.

1890년 무렵에 화재의 위험이나 채광 부족, 협소한 창고 등의 이유로 미술관 이전 문제가 제기되면서, 보스턴 미술관을 헌팅턴가로 이전할 것이 결정되었다. 새로운 미술관이 우선적으로 해결해야 할 과제는 최선의 전시효과를 위해 조명을 여러 수준으로 조절할 수 있는 특별전시실을 만드는 것이었다. 관계자들은 새 건물의 이러한 형태를 고안하느라 석 달간 유럽에 체류하면서 파리의 루브르 박물관을 비롯하여 백 군데가 넘는 건축물들을 헤집고 다녔다. 코플리 미술관의 7배 규모로 계획된 새로운 미술관의 건물 설계는 다시 한번 스터지스에게 맡겨졌는데, '보스턴 특유의 보수적 취향을 고려하여 전체적으로는 신고전주의 양식을 취하면서, 주변의 심포니홀이나 하버드의과대학 건물과도 조화를 이루어야 한다'는 간단치 않은 주문도 덧붙여졌다.

1909년 11월, 헌팅턴가에서 새로이 문을 연 보스턴 미술관은 개장 첫 주 동안 무려 3만 7천 명이 넘는 관람객이 다녀갔을 정도로 많은 시민들의 관심과 기대를 모았다. 미술관 내부는 둥근 홀 형태로 천장이 높이 뚫려 있고, 그 아래로 그리스 신화에 나오는 인물들을 화려한 색채로 형상화한 존 싱어 서전트의 벽화가 널찍한 계단을 배경으로 매우 환상적인 분위기를 자아낸다. 최근에는 레미스 회관이 설립되어 강의나 영화, 음악회 등의 행사로 시민들에게 보다 유익한 편의를 제공하고 있으며, 일반인들을 위한 예술교육 기관인 보스턴 미술관 스쿨을 경영함으로 미술관 재정에도 적잖은 보탬이 되고 있다.

한편 보스턴 미술관은 브라민 가문이나 동물학자 에드워드 S. 모르스, 내과의사 윌리엄 S. 비글로 등 19세기 보스턴 최고의 명문가 및 예술을 사랑하는 개인 기부자들 덕분에 귀중한 일본 예술품을 많이 소장하게 되었다. 이것을 계기로 보스턴 미술관은 현재 일본을 제외하면 그 질과 양에 있어 단연 최고의 일본 예술품을 지닌 미술관으로 평가받고 있다.

나아가 1991년 보스턴 미술관은 일본 나고야 상사협회에 MFA의 일본 지점 설립 기금으로 5천만 달러를 투자할 것을 제의했다. 몇 년에 걸친 세밀한 논의 끝에 결국 MFA 측이 작품에 대한 책임을 지고, 나고야 사업가들은 건물 설립에 필요한 경비를 투자하며, 나고야시에서는 장소를 제공하는 것으로 협약이 성사되었다. 그리고 새천년을 바라보는 1999년 4월, 이틀에 걸쳐 진행된 개장 행사에 무려 9천 명이 넘는 방문객이 다녀갔을 만큼 현지의 뜨거운 관심을 받으며 드디어 나고야 보스턴 미술관이 탄생했다. 미국과 일본 양국 간의 예술 교류는 이를 계기로 더욱 활발해졌고, 이 미술관은 지금까지 양국의 상호 문화이해를 통한 정치·경제적 화합의 교두보 역할을 담당하고 있다.

미국 대부분의 주요 미술관과는 달리 보스턴 미술관은 비영리적 성격의 개인 소유 미술관으로서 매년 백만 명 이상의 관람객이 다녀가며, 이곳에서 주관하는 강의나 영화, 음악 퍼포먼스, 교육 프로그램 등에 참가하는 인원만 해도 약 25만

명에 이른다고 한다. 2005년 중·하반기에는 '스피드, 스타일 그리고 아름다움'이란 주제로 의상 디자이너 랄프 로렌이 수집하여 소장하고 있는 특이한 모형의 자동차와 티파니 보석사의 작품들을 전시한 바 있는데, 이는 보스턴 미술관의 다양하면서도 혁신적인 전시 성격을 다시 한 번 확인할 수 있는 기회였다.

보스턴이 자랑하는 또 다른 박물관으로는 과학관과 어린이 박물관을 꼽을 수 있다. 1864년 백베이에 과학관이 처음 문을 열었을 때에는 "진흙밭의 모독"이라 불렸을 만큼 혹독한 평가를 받았다. 19세기 미국의 도시개발계획 중 가장 뛰어난 성과를 거둔 지역으로 인정받는 백베이는 '보스턴의 샹젤리제'라 불리는 곳으로서, 진흙밭을 메꾸고 파리의 바롱 호스만 거리를 본 따 전형적인 프랑스 제2제정 양식의 격자 형태로 꾸며진 고급 개발지였다. 여기에 과학관이라는 투박한 건물이 하나 들어선 것이 주민들의 불만을 샀던 것이다.

그러나 시대와 사회적 변화에 부응하려는 끊임없는 노력에 힘입어, 오늘날의 보스턴 과학관은 레드삭스의 펜웨이파크 다음으로 대중적인 이벤트가 자주 열리는 장소가 되었다. 이러한 획기적인 변화는 워쉬번 관장의 남다른 의지에서 비롯되었다. 그는 우선 공공회관의 낡은 전통인 "절대 손대지 마시오."라는 금기 사항부터 해제하였는데, 이는 보고 듣는 것에 그치던 종래의 관람 방식을 보다 적극적으로 개방하여 직접 손으로 만져보고 느끼는 사실적 체험을 하게 함으로써 박물관의 교육효과를 극대화하고자 한 것이었다. 아이들은 마음대로 뛰어다니거나 몰려다니면서 컴퓨터를 이용하여 자료를 찾아보고, 섬유유리로 만든 공룡 이빨을 이리저리 만져보기도 하면서, 실제 규모로 만들어진 수성이나 아폴로 우주선 캡슐에 올라타 보는 등 자유롭고 살아있는 경험을 맛볼 수 있었다.

보스턴 과학관 내부

모교인 하버드대학이 수여한 워쉬번의 명예 학위증에는 "먼지만 풀풀 날리던 보스턴의 한 고리타분한 공공기관을 젊은이들뿐만 아니라 어른들도 살아 있는 교육적 모험을 할 수 있는 곳으로 바꾸어 놓음으로써 산을 하나 옮겨 놓은 것 같은 공적을 이룬 사람"이란 칭송이 덧붙여졌다. 이는 워쉬번 관장이 북미 최고봉인 머킨리산을 두 번에 걸쳐 등정한 최초의 인물이며, 그의 아내 역시 여성으로서는 처음으로 이 산의 정상에 올랐다는 사실을 상기시키는 것이었다.

남부 보스턴이 시작되는 찰스강변의 아래쪽에 들어서면 저 멀리 우뚝 솟은 큰 우유병 하나가 눈길을 끄는데, 이 우유병을 외부 휴게실로 쓰고 있는 것이 바로 보스턴 어린이박물관이다. 1913년 콩그레스가에 설립된 이 박물관은 4층 전체가 아장아장 걸어 다니는 어린아이로부터 10대 혹은 그 이상의 청소년들을 위한 전용 전시장으로서, 충실한 내용과 야심 찬 기획으로 미국 내 가장 훌륭한 어린이박물관으로 인정받고 있다. 전시는 아이들이 직접 참가하여 '현장적 경험을 하는 가운데 스스로 느끼고 익혀가게 하려는' 원칙에 의해 기획된다. 이에 따라 특별한 예외가 아니라면 대개 진열되어 있는 전시물을 아이들 손에 직접 쥐어주면서 만지고 느끼게 함으로써 상상력과 호기심을 키우고, 질문을 유발하면서 현실적 감각을 가지게 하는 방식으로 진행된다. 또한 이 박물관에서는 다문화 체험의 차원에서 '10대들의 도쿄'와 같은 코너를 만들어 일본 지하철과 가라오케를 설치해 일본 젊은이들의 문화를 직접 피부로 느낄 수 있도록 하는가 하면, '할머니의 다락방'에서는 당시의 옷을 입어 보면서 전통의 무게를 느낄 수 있는 기회를 제공하기도 한다.

20세기 벽두에 보스턴은 또 하나의 역사적인 기념관을 가지게 되는데, 바로 오늘날 세계적 명성을 누리고 있는 심포니홀이 그것이다. 매사추세츠 거리와 헌팅턴가가 만나는 코너에 자리 잡은 이 음악관은 원래 보스턴 심포니 오케스트라의 전용 음악관으로 마련된 것으로서, 바로 얼마 전 보스턴 공립도서관의 작업을 성공리에 마친 맥김 미드 앤 화이트 사社에서 설계를 맡았다. 보스턴 심포니홀은 한 개인의 지속적이고도 헌신적인 열정을 바탕으로 지어졌다는 점에서 특별한 감동을 자아내는데, 그 주인공은 뉴욕 출생으로 남북전쟁에 연합군으로 참가한 뒤 보스턴에 정착한 헨리 히긴슨이라는 인물이다.

20세가 되던 1854년, 자신의 음악적 소질을 점검하기 위해 유럽여행을 하고 있던 그는 음악에 대한 전문적인 자질이 부족한 자신의 한계를 깨닫고 음악인으로서의 미래를 접었다. 대신 이때부터 그는 훌륭한 음악관을 하나 지어 자신의 음악적 열정을 쏟아 붓겠다는 꿈을 키워나갔다. 보스턴에 살면서 금융업으로 많은 재산을 모은 그는 젊은 시절부터의 꿈을 실현하기 위해 1900년에 마침내 보스턴 심포니홀을 설립하였다.

보스턴 심포니홀은 하버드대학 의과 교수의 자문을 얻어 음향원리를 과학적으로 연구, 설계에 적용한 최초의 음악관이었다. 벽돌과 철재가 적절히 배합된 외부 벽면이나 특별 가공한 참나무가 깔린 마룻바닥, 가죽으로 마감 처리된 좌석, 석고 회벽 등 음향효과를 최대로 고려한 내부 환경을 갖춘 심포니홀은 오늘날 세계에서 두세 손가락 안에 드는 훌륭한 음악관으로 꼽히고 있다.

피에르 먼터나 세르지 쿠세비츠키, 에리히 레인스도르프, 세이지 오자와 등과 같은 세계적 거장들이 보스턴 심포니 오케스트라의 지휘대에 섰고, 번스타인이나 스트라빈스키는 보스턴 오케스트라단에 헌정하는 특별곡을 만들기도 했다. 이 오케스트라의 한 분과로서, 오케스트라 창단 4년 후인 1885년에 창설된 보스턴 팝 오케스트라 역시 많은 대중의 사랑을 받고 있다. 매년 여름 탱글우드 음악제를 통해 전 세계 음악애호가들의 시선과 발길을 보스턴으로 불러 모으는 팝 오케스트라는 탱글우드 음악센터라는 부설 기관을 만들어 젊은 음악도들에게 훌륭한 교육 프로그램도 제공하고 있다. 보스턴 심포니 오케스트라는 서방 오케스트라로서는 처음으로 1952년에 구소련 땅에서 연주하였으며, 1979년에는 아직 어두웠던 중국 땅에도 초대되어 자유의 음악혼을 멋지게 선사했다.

지성의 전당

보스턴이 오늘날 미국의 지성과 교육을 대표하는 지역으로 인정받기까지는 상당한 노력과 열정이 있었다. 1635년에 문을 연 보스턴 라틴학교는 미국 내에서 최초로 설립된 공립학교로서, 청교도 이민자들의 정신적 지도자였던 존 코튼 목사의 헌신적인 노력으로 세워진 것이었다. 라틴어와 그리스어를 가르치는 영국 보스턴의 무료 문법학교와 같은 교육기관을 신대륙 땅에도 하나 세우고자 하는, 코튼 목사의 오랜 염원이 몇 년간의 끈질긴 노력 끝에 마침내 결실을 얻게 된 것이다. 초기에는 담임교사의 집에서 수업이 이루어지다가, 10년이 지난 1645년에 투박한 목조 건물 하나가 간신히 세워짐으로써 학교는 마침내 보금자리를 가지게 되었다. 이 학교에서 벤자민 프랭클린이나 존 핸콕, 사무엘 애덤스 등이 글을 배웠다.

학교 운동장 부근에는 라틴학교의 최고 괴짜 낙제생 벤자민 프랭클린의 동상이 서 있다. 이는 1856년에 세워진 것으로 보스턴의 공공장소에 설치된 최초의 인물 동상이다. 조각가 리처드 그리너프는 "이 위대한 인물의 한쪽 얼굴은 철학적이 며 사색적이고, 다른 한쪽은 장난기 어린 미소를 가득 머금은 모습"을 느낀 그대로 형상화했다고 한다. 몇 년 뒤 조각상 바로 건너편에 세워진, 매우 우아한 프랑스 제2제정시대 양식의 옛 시청 건물은 첫 주불駐佛 미국대사를 지낸 프랭클린의 정 치적 경력을 기리기 위한 것이었을까? '파리 결혼 케이크'라 는 별칭을 얻을 만큼 화려하고도 고혹적인 화강암 건물인 옛 시청 건물은 1968년 이후 더 이상 공공건물로 사용되지 않고 개인 사무실이나 식당들이 이용하고 있다. 일생 동안 독학을 통하여 배움을 늘리고 자신을 발전시킨 벤자민 프랭클린은 훌 륭한 출판인이자 편집자였을 뿐만 아니라 뛰어난 저술가, 발 명가, 과학자, 군 장교, 정치가, 경세가經世家 등으로 활동하며 미국 역사에 찬찬燦燦한 한 페이지를 선사했다. 또한 그는 혁 명 시절의 미국 4대 주요 증서인 독립선언서·프랑스와의 동 맹조약·대영 평화조약·미국 헌법 등에 모두 서명한 유일한 미국인이기도 하다.

보스턴 라틴학교가 창설된 지 1년이 지난 1636년, 매사추 세츠주 연방국은 이제 막 신도시로 형성된 찰스강 주변 지역 에 새로운 교육 기관을 하나 설립할 것을 결정하였다. 미국에 서 가장 오랜 전통을 자랑하는 고등교육기관이자 오늘날 세계 최고 수준의 대학인 하버드가 탄생하게 된 것이다. 사실 대학 본부와 대부분의 하버드 전문대학들이 케임브리지시에 소재하

하버드대학

고 있음에도 불구하고, 많은 사람들이 하버드대학을 보스턴의
대표적인 교육 기관이라고 생각하는 것은 참 재미있는 일이다.
이것은 아마도 하버드대학이 처음 보스턴에서 출발하였고, 이
전 후 대학본부가 케임브리지시에 마련된 이후에도 의대나 치
대, 공중의학대학원, 직업전문대학원, 그리고 체육관 등 케임
브리지 캠퍼스 면적의 2배에 해당하는 56만여 평의 대학 건물
들이 아직도 보스턴에 있다는 사실에 근거하고 있을 것이다.

하버드대학의 주된 설립 목적 가운데 하나는 청교도적 성
직자를 양성하는 동시에, 영국 케임브리지대학의 교육이념과
같이 나라를 이끌어나갈 미래의 지식인, 법조인, 저술가, 의사,
정치인들이 갖추어야 할 기본적인 소양교육을 시키려는 것이
었다. 하버드라는 명칭은, 1637년에 신대륙으로 건너와 장로
파 목사로 활동하던 중 죽음을 맞게 되자 당시 막 신설된 이
학교에 거금의 기금과 함께 400여 권의 소장서를 기부한 존

하버드를 기려 붙여진 것이다.

1655년 무렵 하버드대학의 수업료는 2파운드였는데 현금이 부족한 학생들은 밀이나 쇠고기, 피혁, 순무뿌리, 땔감, 사과, 버터 또는 술 등으로 수업료를 대신할 수 있었다. 19세기까지만 하더라도 학생들은 매일 예배에 참석해야 했고, 엄격하고 고리타분한 교수들로부터 고전이나 철학, 수학 과목의 수업들을 다소 과중하다 할 정도로 많이 받았다. 한편 부모의 사회적·재정적 조건에 따라 학생들의 개인 순위가 결정되었는데, 이 순위는 예배를 보는 자리나 행진 때의 서열, 교실에서의 암송 차례, 식당에서의 테이블 등을 정하는 것과 관련되어 있었다. 이러한 관습은 19세기 말까지 어느 정도 유지되었다.

하버드대학 설립 이래 오랜 기간 동안, 대학의 전통적인 양식이나 사회에 대한 인식, 학업과정에 있어서 이렇다할 큰 변화는 없었다. 그러다가 대학이 창설된 지 2세기가 훨씬 지난 1868년에 찰스 윌리엄 엘리엇 총장이 부임하면서 소규모 단과대학에서 근대적 종합대학으로 승격하는 획기적인 발전을 이루었다. 혁신적인 개혁의 바람을 몰고 온 그는 학생들이 수강과목을 다양하게 선택할 수 있도록 하고, 교수들이 스스로의 자질을 향상시키도록 고무했으며, 전국 각지의 우수한 학생들이 골고루 지원할 수 있도록 독려했다. 또한 각 단과대학의 학장이나 교수들의 권한을 대폭 강화하면서 전문직업 분야나 연구소 개발에 한층 중점을 두었다. 마침내 1872년 문학석사 과정과 이공계박사 과정, 그리고 문학박사 과정이 설립된 데 이어 1890년에는 인문학 및 과학 분야 대학원이 정식으로 발족되었다. 특히 법과대학과 의과대학의 개혁은 가히 혁명적인 수준이었는데, 입학 시 판례법이나 인턴 제도를 적용하고 졸업 때에는 필기시험을 실시하여 무엇보다 학생들의 학구열을 드높이는 데 목적을 두었다.

1909년에 로렌스 로웰이 총장으로 임명되면서 하버드대학은 다시 한번 내·외적 혁신을 맞게 된다. 그는 대학의 학술적 측면을 더욱 강화했을 뿐만 아니라 "대학생의 대외적 임무는 사회에 나가 어떤 수준의 사람들과도 함께 할 수 있는 것"이라며 젊은 지식인의 사회적 소임을 강조했다. 그는 때마침 프린스턴대학의 젊은 총장 우드로 윌슨이 의욕적으로 추진하고 있던 엘리트주의 타파 운동에도 적극 동의하였고, 하버드 학생들의 경제적 간극을 조율하였으며, 보다 민주적이고 진보적인 교육의 기틀을 마련하기 위한 노력을 아끼지 않았다.

한편 1879년에 엘리자베스 캐리 아가시가 이끄는 한 여성단체는 '하버드 부설'이라는 모임을 만들어, 여성도 하버드대학 교수들로부터 교육을 받을 수 있도록 해달라는 신청을 했다. 몇 년 후, 이 학습모임은 조직을 갖추어 래클리프단과대학으로 승격하였다. 하버드대학 강의실에서 여성이 수업을 받을 수 있게 된 것은 1943년부터였지만, 20년 후인 1963년에야 여성들에게도 하버드 학위가 주어졌는데, 그것도 당시에는 하버드와 래클리프대학 총장이 공동 서명한 학위제에 의해서만 가능한 것이었다.

래클리프대학의 슐레진저 도서관은 미국 최초의 여성사연구도서관이고, 교수나 과학자·예술가들로 구성된 여성연구단체 번팅연구소는 탁월한 업적과 성과로 주목받고 있다. 1999년, 래클리프대학은 하버드대학에 공식 통합되어 래클리프진보학문연구소로 발전했다.

이제, 육중한 장엄미 가운데에서도 아름다운 조화가 느껴지는 하버드대학의 건축적인 면을 살펴보기로 하자. 캠퍼스를 대신하는 하버드 야드는 대학의 중심부로서, 주변 곳곳에 모든 신입생이 예외 없이 일 년간 묵어야 하는 300년 전통의 기숙사를 품고 있다. 파릇파릇한 잔디와 키 높은 나무들에 둘러싸인 채 고풍스런 자태를 뽐내는 기숙사들 사이로 보이는 하버드홀은 한때 화재로 소실되었으나 현재는 복구되어 강의실이나 사무실로 사용되고 있다. 랠프 W. 에머슨이 그의 친구 헨리 D. 소로우와 함께 거처했던 홀리스 기숙사를 지나 교정 중앙 쪽으로 발길을 옮기다 보면 멋진 화강암 건물 하나가 걸음을 절로 멈추게 하는데, 바로 예술 과학대학 건물인 유니버시티홀이다. 도시 설립 당시 보스턴의 전설적인 건축가 찰스 불핀치의 작품답게, 제각기의 독특한 수려함을 자랑하는 하버드 건축물들 중에서도 이 건물은 유난히 아름답게 빛나고 있다. 옛 야드와 새 야드의 경계쯤 되는 이 지점에는 대학 설립 당시의 기부자 존 하버드의 동상이 옛 야드를 향해 앉아 학교를 지켜보고 있다. 이 동상은 당대 최고의 조각가 다니엘 C. 프렌치가 하버드의 실상을 구하지 못해 비슷하게 꾸며 만든 것이라고 한다. 이름 탓인지 종종 설립자로 잘못 알려져 있는 존 하버드의 동상은 방문객들에게 가장 인기 있는 기념 촬영 장소가 되어 하루 종일 카메라 플래시의 세례를 받는 주인공이기도 하다.

동상 뒤편부터 펼쳐져 있는 새 야드에서는 매년 6월 학위수여식이 개최되는데, 전통적으로 이날은 결코 비가 오지 않는다고 한다. 오른편으로 보이는 웅장한 건물은 하버드 야드에서 가장 큰 건물에 해당하는 와이드너 도서관이다. 약 550만 권 가량의 전문서적을 보관하고 있는 이 도서관은 미국에서 세 번째로 큰 도서관으로 꼽힌다. 도서관 명칭의 주인인 E. 와이드너는 1907년에 하버드대학에 입학했으나 몇 년 후 타이타닉호에서 목숨을 잃은 젊은이로, 현재 이 도서관은 그의 어머니가 아들을 기리기 위해 기부한 기금으로 거의 운영되고 있다. 맞은편으로 멀리 보이는 기념교회는 제1, 2차 세계대전 중에 죽은 하버드 학생들을 위해 세워진 것으로, 이 학교의 종교적인 성격을 말없이 대변하는 건물이라 할 수 있다.

교정의 북문을 나서면 소담한 분수대 하나가 환상적인 물줄기를 내뿜으며 반갑게 손짓하는데, 이곳은 컴퓨터 시설물들이 편리하게 마련되어 있고 훌륭한 도서관과 간이식당을 갖춘 과학관 입구이다. 다소 기하학적인 엄격한 인상을 주는 과학관과 견제된 균형을 이루는 가운데 옆으로 이어지는 붉은 벽돌 건물은 빅토리아 시대에 유행한 러스킨 고딕 양식으로 지어진 기념회관이다. 남북전쟁 중에 연방군으로 전사한 136명의 하버드 학생들을 기리기 위해 지어진 이 회관과 함께 있는 것은 1,200석 규모의 샌더스 극장으로서, 음악회를 비롯하여 시 낭송회·연극 등으로 학업에 지친 하버드 공부벌레들의 심신을 달래주는 안식처가 되고 있다.

광활하면서도 오밀조밀한 하나의 동네를 이루고 있는 듯한 하버드 캠퍼스의 주변에는 그런대로 명성을 얻고 있는 하버드 부설 예술박물관들이 서로 멀지 않은 거리를 두고 흩어져 있다. 그중 아시아 예술품을 취급하는 아서 서클러 박물관, 신조지 양식의 예술품을 전문으로 하는 포그 예술박물관, 그리고 르 코르뷔지에의 작품을 위시하여 각종 시각 예술품을 전시하는 카펜터센터 등이 특히 흥미로운 것으로 꼽힌다. 이밖에도 가장 많은 대중적 인기를 누리는 식물학 박물관, 고고학이나 민족학 분야를 다루는 피바디 박물관, 수많은 운석과 3,040캐럿의 황옥이 보관되어 있는 광물학 및 지질학 박물관, 세계에서 가장 큰 거북 갑골을 소장하고 있는 비교동물학 박물관, 중동 지역에 관한 귀중한 사진 자료들을 많이 보관하고 있는 셈족 연구소뿐 아니라 게르만 연구소, 자연사 박물관 등 하버드의 전문가들이 주관하고 있는 수많은 박물관들은 인류 문화의 귀중한 자산이 되고 있다.

한편 하버드대학은 인근 뉴잉글랜드 지방에 있는 예일, 브라운, 다트머스대학을 비롯하여 기타 동부 지역의 펜실베이니아, 프린스턴, 컬럼비아, 코넬대학 등과 함께 이른바 아이비리그라 불리는 명문대 그룹을 이루고 있는데, 1870년대에 이 대학 학생들이 자주 모여 축구 경기를 했던 것이 아이비리그의 시원始原이다. 당시 이들은 축구에 관한 한 막강한 실력을 인정받는 편이었는데, 1920년대 이후 프로팀들이 등장하면서 관심을 덜 받게 되었다. 하지만 지금도 이들 대학 간에는 축구를 비롯한 기타 여러 운동 경기가 종종 열리고 있다. 이 대학들을 가리켜 아이비리그라는 말을 쓰게 된 동기는 불분명하지만, 대략 다음과 같은 세 가지 측면으로 추측해볼 수 있다. 즉, 전통적으로 학교 건물을 단장하는 데 쓰였던 담쟁이덩굴(ivy)에서 유래되었거나, Inter Varsity(대학 간)란 단어의 머리글자 I.V., 혹은 초기의 경기 참가 멤버였던 뉴잉글랜드 지역 소재 4개 대학의 수를 로마자로 표기한 IV를 의미하는 것이라 여겨지기도 한다.

현재 하버드대학의 학생 수는 2개의 대학과 10개의 대학원 및 전문학교를 통틀어 총 18,000여 명에 이른다. 존 애덤스, 존 퀸시 애덤스, 테오도르 루스벨트, 프랭클린 D. 루스벨트, 존 F. 케네디 등 5명의 미국 역대 대통령을 배출한 하버드대학은 명실 공히 '대통령의 대학'으로서 미국 지성의 요람이 되고 있다.

이밖에도 보스턴의 교육 기관 중 그 명성이 빛나는 곳으로는 퍼킨스 시각장애인학교를 꼽을 수 있다. 시각장애인교육에 대한 관심은 1830년대에 시작된 개혁의 물결을 타고 대두되기 시작했다. 전문교육기관은 뉴욕이나 필라델피아에 먼저 설립되었지만, 시설이나 교육의 질적 측면에서는 1839년에 문을 연 보스턴의 퍼킨스학교가 단연 우세한 것으로 평가된다. 이 학교는 사무엘 G. 호우 박사가 부유한 상인이었던 토마스 H. 퍼킨스를 설득하여 받은 기부금으로 보스턴 남쪽에 터를 잡아 세운 것이다. 외과의사이며 열정적인 인문주의자이자 혁명적 사회 개혁론자였던 호우 박사는 퍼킨스학교를 맡아 탁월한 교과과정을 개발하고 독특한 교육방식을 연구하는 등 헌신적인 노력을 아끼지 않았다. 이러한 결과는 곧 유럽에까지 널리 알려져 모범적 사례로 연구되었는데, 특히 그가 선천성 시청각장애인으로 태어난 로라 브리즈먼의 사례를 연구하여 발전시킨 특수 장애교육이론은 오늘날까지 극찬을 받고 있다. 뿐만 아니라 호우 박사는 대부분의 장애인들이 일생동안 한정된 장소에서 도피자처럼 지낸다는 사실을 발견하고, 정당한 노동으로 자신들의 생애를 떳떳이 꾸려갈 수 있도록 지도하고 도움을 주는 자활 직업훈련연수원을 만들었다.

74세의 나이로 생을 마감한 호우 박사의 뒤를 이은 사람은 그의 절친한 친구 마이클 아네노스였다. 아네노스의 가장 빛나는 공로는 시각장애인유치원을 설립하여 8세 이하의 어린이들에게 초등과정의 교육을 실시한 것이었다. 앨라배마의 어린 시청각장애자 헬렌 켈러에게 퍼킨스 학교의 졸업생인 애니 설리번을 보낸 사람도 바로 아네노스 교장이었다.

퍼킨스 시각장애인학교는 개인 기부금이나 주 연방 보조금으로 재정을 충당하며, 의례적으로 이사위원회의 명단에 들어가는 주지사를 제외한 다른 이사위원들은 대부분 보스턴의 유수한 가문 출신들로 구성된다. 정문에 걸려 있는 한 쌍의 단아한 등롱이 소박한 고딕 양식의 교정 곳곳을 환하게 비춰주고 있는 학교 풍경은 퍼킨스의 교육철학을 다시 한 번 상기시켜 주고 있다.

보스턴은 뛰고 있다

19세기 후반에 들어서며 보스턴은 특히 스포츠에 주력하였다. 보스턴 커먼 공원 내의 표지판은 "아메리카 최초의 축구팀인 보스턴 오네다는 여기 이 운동장에서 1862년부터 1865년까지 상대한 모든 팀을 이겼다. (중략) 오네다 골문은 단 한 번도 열린 적이 없다."고 증언하고 있다. 그러나 이후 보스턴의 국내 축구리그팀인 뉴잉글랜드 패트리오츠는 불행히도 자랑스러운 승리의 전통을 잇지 못했다. 이들은 1986년과 1997년 두 차례에 걸쳐 결승전에 진출했으나 우승에는 모두 실패하고 말았다.

한편 13세기에 영국에서 시작된 크리켓은 보스턴에서 라운더스라는 경기가 되었고, 1830년경에는 라운더스를 모방한 타운볼이라는 경기가 보스턴에서 처음 시작되어 인기를 끌었다. 1800년대 중엽 무렵, 타운볼을 응용하여 새로이 등장한 야구는 미국인들을 열광시키기에 충분한 스포츠로서 보스턴에서도 희망찬 출발을 했다. 보스턴 야구팀은 1870년대에 '레드스타킹스'라는 이름으로 출발한 이후, 시기에 따라 '순례자' '청교도' 혹은 '플리머스의 바위' 등 여러 별칭으로 불리다가 1907년에 이르러 오늘날의 레드삭스라는 명칭을 얻었다.

레드삭스의 홈구장으로 마련된 펜웨이파크는, 훗날 숙명의 라이벌이 되는 뉴욕 양키스의 전신인 뉴욕 하이랜드스와의 경기를 맞아 1912년 4월에 개장되었다.「보스턴 글로브」지 발행인의 아들 존 J. 테일러가 레드삭스의 주인이 된 후, 이전의 헌팅턴 구장을 떠나 새로운 전문구장을 갖추고자 하는 열망으로 설립한 펜웨이파크는 미국 최초의 스포츠 전문구장이다.

그러나 1918년 전국 리그에서 우승을 거둔 레드삭스는 소유인이 다시 바뀌면서 부실한 관리체계 속에 혼란을 거듭했다. 특히 팀의 일급 투수였던 베이브루스가 1919년에 양키스로 이적한 후로는 단 한 번의 우승도 이루지 못한, 이른바 '밤비노의 저주'가 보스턴의 슬픈 전설로 이어졌다. 86년간의 이 혹독한 저주는 마침내 2004년 10월의 전국 리그에서 우여곡절 끝에 기적적으로 풀렸으며, 보스턴 시민들을 흥분과 환희의 도가니로 몰아넣은 그 순간은 지금도 세기적 사변으로 회자된다.

시간이 지남에 따라 펜웨이파크에서는 누수나 슬러브 지붕의 균열, 자재 부패 등의 심각한 건축적 문제에 봉착하게 되었고, 1990년대 초에는 신축과 다름없는 대보수공사를 통해 새로운 모습을 선보이게 되었다. 시대적 흐름에 맞추어 기자석을 강화하거나 왼손 타자를 배려하여 불펜의 위치를 이동하는 등 수많은 변화를 거치며 펜웨이파크는 미국에서 가장 아름다운 야구장으로 꾸며졌다. 한 가지 재미있는 사실은, 여러 차례

펜웨이파크

의 보수공사 중에도 협찬사를 위한 좌석이나 개인 특별석의
마련 등을 항상 염두에 둠으로써 팀의 재정적 수입에 보탬이
되고자 했다는 점이다. 오늘날 스포츠가 어쩔 수 없이 상업주
의적 흐름을 탐에 따라, 펜웨이파크에서도 순수 야구팬들의
열기와 함께 인근 주민이나 주식 소유자 또는 정치가들의 제
각기 다른 관심과 비전이 뒤섞인 함성이 울리고 있는 것이다.

현재 협회 측은 관중석을 충분히 확보하고(현 33,871석을 적
어도 45,000석으로), 비시즌 중에는 구장 대여를 통해 수입을
올릴 수 있도록 최신설비가 갖추어진 새로운 대형구장을 지으
려는 계획을 가지고 있다. 지은 지 90년이 넘는 지금의 구장
을 허물어버리고 그 자리에 새 건물을 세울 것인지, 아니면 강

건너의 찰스 타운이나 보스턴 남부, 더들리 스퀘어 중 어느 한 곳에 다른 새로운 구장을 지을 것인지 고려중인 것으로 알려졌다. 야구팬들은 "펜웨이의 오랜 역사와 전통을 후대에 남겨야 한다."는 보존파와 "좀 더 근사한 스포츠 시설이 필요하다."는 현실파로 나누어졌는데, 마침 1998년에 레드삭스가 결승전에 진출한 데 이어 2004년에는 전국 리그에서 우승을 거두면서 양측의 갈등은 더욱 첨예하게 대립하고 있다.

한편 1897년에 보스턴에서는 미국 최초의 마라톤대회가 개최되었다. '아메리카 마라톤'이라고도 불리는 보스턴 마라톤대회는 런던 마라톤, 뉴욕 마라톤, 로테르담 마라톤과 함께 세계 4대 마라톤대회에 해당한다. 또한 그 창설년도로 보아서는 세계에서 세 번째로 오래된 역사를 가진 대회이자, 올림픽종목의 마라톤을 제외하고 오늘날까지 계속되는 가장 오래된 대회 역시 보스턴 마라톤 대회이다.

1896년 4월, 아테네에서 첫 근대 올림픽경기가 열렸을 때 미국팀은 보스턴 출신의 선수들이 주축을 이루고 있었다. 당시 아테네올림픽에서 열리고 있었던 마라톤대회는, 기원전 490년의 마라톤전투에서 그리스가 페르시아 침입군을 격파했다는 승전보를 전하기 위해 마라톤에서 아테네까지 달려간 병사 페이디피데스를 기리기 위한 것이었다. 이 경기에 흥미를 느낀 보스턴 대표팀들은 미국으로 돌아온 후 국내 마라톤대회를 만들기로 뜻을 모았다. 경기일은 애국의 날인 4월 19일로 정해졌고, 1897년에 보스턴 마라톤대회의 첫 총성이 울렸다.

보스턴 마라톤대회

대개 일요일에 개최되는 여느 마라톤대회와는 달리 보스턴 마라톤대회는 월요일에 열리는데, 이는 정치적 배경과 관련이 깊다. 1775년 4월 19일, 영국군이 보스턴을 공격한다는 급보가 전해지자 주민들은 무기를 들고 나와 이에 용감히 맞섰고, 이 사건은 곧 독립전쟁의 도화선이 되었다. 이 애국적인 투쟁을 기념하여 매사추세츠와 메인주에서는 1807년 이래로 4월 19일을 애국의 날로 정하고 매년 각종 기념행사를 벌이고 있었는데, 1969년부터는 이 기념일이 4월 셋째 월요일로 공식 변경됨에 따라 마라톤대회도 바로 이날 치러지게 된 것이다.

보스턴 마라톤대회는 장애인 경기를 최초로 개최했을 뿐만 아니라, 오래 달리기에는 신체적으로 부적합하다거나 자궁이 빠질 수 있다는 등의 이유로 마라톤 참가가 금지되어 왔던 여성들을 처음으로 트랙에 세웠다는 점에서 커다란 의미를 지닌다. 1966년, 당시 23세였던 캘리포니아 출신의 로베르타 L. 깁슨이라는 여성이 마라톤 참가를 신청했다가 거부당하자 용감하게 번호표 없이 출장한 것이 그 첫 관문이었다. 이 사건은 사회적인 주목을 받았고, 이듬해 이니셜로만 표시한 이름으로 마라톤에 참가한 다른 여성이 도중에 적발되어 퇴장을 당하자, 그의 남자친구와 심판이 몸싸움을 벌이는 사진이 매스컴을 타고 나가면서 성적 편견에 대한 인권적 차원에서 마라톤의 성 개방이 본격적으로 논의되었다.

완고한 스포츠계의 편견을 이겨내고 마침내 1974년 제77회 보스턴 마라톤대회에서는 여성부가 신설되었고, 1978년에는 최초의 여성마라톤세계대회인 국제여자마라톤대회가 애틀랜타에서 첫 테이프를 끊게 되었다. 1984년 로스앤젤레스올림픽 때부터는 여자마라톤이 올림픽 육상종목으로 정식 채택되었는데, 이는 보스턴에서 여성이 참가를 거부당해 번호표를 달지 못한 채 달린 이후 15년 만의 일이었다.

세계 마라톤대회 중 한국선수들이 가장 빛나는 성과를 거둔 것도 바로 이 대회였다. 해방 후인 1947년, 서윤복 선수가 제51회 보스턴 마라톤대회에 처음 참가하여 세계신기록을 수립하며 우승했다. 최초의 동양인 우승자가 된 그는 미국의 한 독지가로부터 마라톤 참가비용을 지급받은 최초의 선수이기도 했다. 이어 1950년에는 손기정 감독의 인솔 아래 보스턴 마라톤대회에 참가한 한국선수들이 제54회 대회의 1, 2, 3위를 몽땅 휩쓸어 마라톤 코리아의 위상을 다시 한 번 세계에

떨쳤고, 이는 국내 마라톤 붐을 가속화시키는 계기가 되기도 했다. 우승자 함기용은 경기 도중 입은 부상으로 인해 걸어서 들어와 골인했는데, 이에 대해 보스턴 마라톤의 기록부는 "걸어 들어온 우승자(Walking Champion)"라 특기해놓고 있다.

6·25전쟁 이후 한동안 국제대회에서 보기 힘들었던 한국 선수들은 1960년대 말엽부터 다시 보스턴에서 뛰기 시작했으나 주목할 만한 기록을 내지는 못하였다. 그러나 근래에 들어 황영조 선수가 1994년 대회에서 한국 신기록을 수립하였고, 2001년에는 이봉주 선수가 금메달을 따는 쾌거를 이루었다. 한편 일반 한국인의 참가도 해마다 증가하는 추세를 보여, 세계 60여 개국에서 모여든 참가자 중 개최국인 미국과 인접국인 캐나다를 제외하면 한국인이 가장 많은 숫자를 차지한다고 한다. 매년 200명 이상의 주자가 참가하는 것으로 추정되는 한국인들은 "미국과 캐나다 출신 1만 7,000명을 제외한 나머지 3,000여 명의 참가자 중 가장 많은 분포"라는 것이 2004년 대회 기록부의 증언이다.

보스턴 마라톤대회는 긴밀하게 잘 짜여져 있는 의료체제로 참가자들로부터 한층 깊은 신뢰를 얻고 있다. 스포츠 의학 전문의를 비롯하여 트레이너, 간호사 등 총 700여 명으로 구성되는 의료담당 분야는 보스턴 메디컬센터에서 그 관리와 책임을 맡고 있다. 만약의 사고에 대해 만반의 준비를 갖춘 이들 전문 스포츠의료진은 출발지점을 시작으로 코스의 난이도에 따라 26개 구역으로 나뉜 각 지점에서 대기하고 있다. 마지막

골인 지점 부근에는 링거주사나 정맥주사가 갖춰진 200여 동의 침상이 천막촌 안에 마련되어 있어, 최선의 마무리를 돕기도 한다. 간혹 마라톤대회 도중 사망자가 속출하는 우리나라의 마라톤 환경과 비교하면 참으로 부러운 일이 아닐 수 없다.

보스턴 마라톤대회는 올림픽을 제외하고는 유일하게 1997년 이후 참가자의 자격을 제한하고 있다. 즉, 해마다 급격히 증가하는 참가자 수를 조절하기 위해, 18세 이상으로서 공인 마라톤대회에서 나이대별 기준기록을 달성한 사람만 참가를 허용하게 된 것이다. 최근 여러 국제마라톤대회에서 남·여선수를 따로 출발시키는 경향이 있는데, 이러한 배려가 여성들의 경기력 향상에 도움이 된다는 사실을 감안하여 보스턴 마라톤대회에서도 2004년 제108회 대회부터는 여자선수들이 남자선수들보다 25분 빠른 11시 35분에 출발하도록 하고 있다.

42.195km의 외롭고 처절한 투쟁! 전통적으로 마라톤이 올림픽에서 가장 마지막으로 치러지는 경기라는 사실에서도 그 의미를 다시 한 번 되새겨볼 수 있다.

오늘의 보스턴 – 새로운 르네상스를 위하여

보스턴은 전설의 불사조처럼 혁명과 전쟁, 분열, 참혹한 대화재, 경제적 침체 등을 딛고 오늘날 세계적인 도시로 성장한 곳이다. 실제로 「콘데 너스트 트레블러」지가 발표한 국제적 수준의 도시에 관한 최근의 자료에 따르면, 보스턴은 파리나 워싱턴, 런던, 로마, 베니스, 비엔나 등을 모두 제치고 샌프란시스코나 뉴올리언스 다음의 세 번째 순서로 꼽히고 있다. 미국 내에서 보스턴은 샌프란시스코 다음으로 많은 관광객을 맞이하는 도시이며, 인근 아이비리그 출신의 젊은 엘리트들이 가장 선호하는 주거지가 되고 있다. 공식적으로 미국에서 물가가 가장 비싼 지역임에도 불구하고 보스턴이 이 같은 호감을 얻는 비결은 무엇일까? 아마도 역사적인 기품과 현대적 세

련미가 자연스레 녹아 있는 도시 분위기와 격조 높은 문화 환경, 그리고 안락한 자연 여건 등을 그 이유로 들 수 있을 것이다. 즉, 뉴욕에서 비교적 가까운 거리에 위치하면서 인근에 스키장, 바닷가, 호수, 산 등이 골고루 갖추어져 있는 천혜의 조건 또한 이 도시를 더욱 매혹적인 것으로 만들어 주기 때문이리라.

성장의 파편

영국으로부터의 독립 후 보스턴 항은 1786년부터 중국과 교역을 시작했으나, 영국과의 교역 중단령(1801) 등 두 차례에 걸친 항구 폐쇄와 두 번의 대화재 사건(1761, 1787)을 겪으며 한동안 침체 상태를 벗어나지 못하고 있었다. 이후 1822년에 이르러 보스턴 타운이 시로 승격되면서 야심 찬 개발계획이 추진되었고, 이를 계기로 보스턴은 성공한 신흥도시로 부상하였다.

이 시기에 설립된 대표적 건물인 퀸지 회관(1826)은 가장 중요한 상업적 기량을 발휘했던 곳이다. 신그리스 양식으로 멋지게 지어진 화강암 건물인 퀸지 회관은 새로운 보스턴을 상징하는 존재로서, 상점이나 식당 등의 상권을 끌어 모아 시민들의 발길을 다시 시내 중심가로 불러들인 교두보 역할을 했기 때문이다.

1872년, 또 한 번의 대형 화재가 보스턴 중심가를 잔혹하게 휩쓸고 지나갔다. 이에 시 개발위원회는 상업 중심지를 확대하여 보다 많은 상권을 유치함으로써 도심의 활기를 되찾고자하였다. 1897년에 파크가 지하철이 개통되면서 시내 중심가를연결하던 전차길이 철거된 대신 자동차나 짐차들로 거리가 붐비기 시작했다. 이러한 근대적 변화의 물결을 타고 보스턴 중심가는 서서히 되살아나기 시작했다.

1908년에 파일린 백화점이 설립되면서 보스턴 시내의 분위기는 한층 상승되었다. 도매로 가져온 제품들을 소비자들에게상시 할인가격으로 제공하는 획기적인 판매방식으로 일약 유명해진 파일른이 연일 시민들의 발길로 북적대는 명소가 되었기 때문이다. 제2차 세계대전이 막 시작된 1940년에 파일린백화점의 지하에는 프랑스 의류코너가 만들어져 유명상표의의류들이 대규모로 할인판매되었는데, 유럽 최신유행의 옷을보다 싼 값에 장만하려는 시민들의 발길이 끊이지 않아 기록적인 북새통을 이루었다고 한다. 현재에도 파일린 지하백화점Filene's Basement에서는 의류를 비롯한 액세서리·신발·가방 등각종 여성제품에 대해 판매 시작일을 기준으로 일정 비율의자동 할인 제도를 적용하고 있다. 즉, 진열된 지 2주일이 지난제품은 25%, 4주가 지난 것은 50%, 6주 넘게 가게에 남아 있는 것은 75%를 할인한 가격에 판매하고, 두 달이 지나도록 팔리지 않은 상품들은 자선단체에 기증하는 것이다. 이중 가장인기 있는 품목은 매년 한 번씩 열리는 결혼예복 정기세일이라 한다.

그러나 이러한 경제적 분발은 정치적 혼란으로 다시 한 번 좌절을 맞게 된다. 20세기 초반의 미국은 아일랜드계 정치가들의 전성기였다. 영국으로부터의 정치적 탄압을 염려할 필요가 없는 아일랜드계 가톨릭교도들은 이러한 자신들의 입장을 십분 활용해 미국사회에서 권력을 장악하는 데 총력을 기울였다. 그리고 그 선두에는 화려한 정치경력을 자랑하는 보스 제임스 컬리라는 인물이 있었다.

친구를 대신하여 입영시험을 치른 죄로 교도소에서 복역을 하던 중 시의회 의원에 처음 당선된 그는 국회의원, 주지사, 시장 등을 역임하며 40여 년 간의 굴곡 많은 정치 역정을 쌓은 사람이었다(그는 우편물 사기죄로 시장으로서의 마지막 임기를 연방 감옥소에서 보냈다). 비록 미국 정치사에서 부패의 전형이 될 만한 인물이었다 할지라도, 컬리는 빈민층을 옹호하는 정책으로 선거 때에는 누구보다도 많은 인기를 누렸다. 실제로 그의 임기 중에는 다른 어느 때보다 많은 수의 공원과 병원이 설립되었다. 1938년 또다른 사기죄로 그가 구속되었을 때, 3만 달러의 벌금을 선고받은 그를 위해 가난한 사람들이 십시일반으로 모금하여 도움을 주었던 것은 이러한 공적 때문이었을까? 보스턴 사회에서 절대적 영향력을 행사하던 컬리 행정부였지만, 확고한 신념으로 오랜 전통을 지켜온 청교도 가문 출신의 법률가들과는 근본적으로 어울릴 수 없는 입장이었다.

전통 가톨릭과 신흥 개신교파의 부조화에서 발생하는 갈등은 보스턴이 시대적 변화와 함께 발전해나갈 수 있는 역량을 무력화시켜버렸다. 정치·사회적 침체 현상이 계속되었고, 이는 곧 경제적 타격으로 이어졌다. 보스턴은 1940년대 말엽에 동부지역 주 항구로서의 지위를 타 인근 도시에 빼앗겨버린 상황에 처하게 되었고, 제2차 세계대전 이후의 베이비붐 시대에 미국 대도시 중 유일하게 인구가 감소하는 사태까지 벌어졌다. 중산층들은 대부분 교외로 빠져나가고 주택을 소유한 독신자들은 아파트나 기숙사로 거주지를 옮김으로써 시의 조세 사정은 내리막길로 치달았으며, 기간산업 또한 곤두박질을 치게 되었다.

유일한 예외는 교육 사업이었다. 하버드나 MIT 등의 고등교육 기관이 도시 주변에 세워지자 훌륭한 도서관 시설을 이용하여 문화적 자원을 얻으려는 학생들이 세계 각처에서 보스턴으로 모여들었다(이는 보스턴의 싼 방값 덕분이기도 했다). 그러나 대학가는 1960년대에 등장한 히피문화 등의 과도기적 변화를 겪으면서 정치적 분란의 중심지가 되어갔다. 월남전에 대한 반대 등으로 매일같이 일어나는 시위는 캠퍼스를 정치적 소용돌이 속에 몰아넣었고, 도시 범죄 또한 나날이 증가하는 추세였다. 이러한 혼란 속에 관광객의 발길이 점점 뜸해지면서, 보스턴은 1960년대에 '미국에서 가장 살기 나쁜 도시'라는 공식적인 불명예를 안게 되었다.

1970년대에 이르러 학교에서의 인종차별제도가 주 연방법에 의해 폐지되자 보스턴은 다시 한번 극단적인 인종 갈등 문제에 봉착하게 된다. 흑인과 백인 학생을 함께 태우기 시작한 통학버스는 엄중한 경호 속에 운행되었으나 오가는 길에 돌세례를 받거나 난폭하게 기습을 당하는 일이 종종 벌어졌고, 피부색에 따라 나누어진 학생들 간의 폭력이 교내외 곳곳에서 쉴 새 없이 일어났다. 상황은 나날이 심각해져 인종문제 이상의 것이 되고 있었다. 흑인과 백인 학생들이 패를 지어 싸우는 일이 매일 학교 운동장에서만 10~15건이 넘었고, 교실에서는 누가 먼저랄 것도 없이 따로 나눠 앉았으며, 교사는 뜻하지 않은 말실수가 극도로 긴장된 교실 분위기를 자극할까 두려워 나머지 수업을 제대로 진행하지 못할 지경이었다.

그러나 자녀들을 통학버스에 함께 태워 보내지 않으려면 비용이 많이 드는 사립학교에 보낼 수밖에 없는 현실적인 문제 앞에 갈등은 점차 수그러들었다. 이와 함께 각 민족들이 모여 사는 공동 거주지가 보다 안정된 지역사회로 점차 발전해 나가면서 인종문제는 자연스레 잦아들었다. 1970년대 중엽에 들어 보스턴시의 모든 학교에 인종차별폐지제도가 적용되었고, 이를 계기로 보다 성숙한 교육 환경이 조성되어 갔다. 그리고 이러한 교육적 자원은 곧 주변 문화산업이 발전할 수 있는 역량으로 작용하였다.

하이테크의 산실

1950년대에 시작된 기술 산업혁명은 보스턴의 대학들이 보다 높은 수준으로 도약하는 데 중요한 기폭제가 되었다. 특히 하이테크 산업의 눈부신 부흥은 보스턴 경제를 되살리는 데 결정적인 기반이 되어 "매사추세츠의 기적"이라 불리며 연일 매스컴의 찬사를 받을 정도였다. 1960년대에 보스턴 출신의 미국 대통령이 탄생하면서 유사 이래 최초의 달 탐사계획이 발표되었고, 이를 위한 350여 개의 항공 및 기계·기술·전자계통 연구단이 보스턴을 중심으로 자리 잡게 되었다. 이로써 보스턴 지역은 선진 기술 산업을 주도하는 중심지로서의 확고한 기초를 다지게 되었던 것이다.

이와 함께, 보스턴 인근의 로웰 지역을 중심으로 하여 수로를 이용한 섬유산업이 개발되기 시작하였는데, 이는 곧 뉴잉글랜드 지방뿐만 아니라 미국이란 나라 전체가 농업국에서 산업국으로 전환하는 기틀이 되었다. 지금은 찰스강 건너편의 케임브리지로 이전한 매사추세츠 공과대학(MIT)이 1865년에 보스턴의 최고 중심가 보일스턴가에 설립되면서 보스턴 시내의 분위기는 더욱 활기를 띠었다. 오늘날 미국 최대 규모의 단과대학이자 가장 영향력 있는 종합공과대학으로 인정받는 MIT는 이 지역의 산업 발전에 필연적인 영향을 끼쳤다. 제2차 세계대전 후 대학가로 몰려들었던 퇴역군인들은 졸업 후 대개 케임브리지 부근의 한적한 장소에 가게나 공장을 지어 기술 개발에 주력하고 있었다. 이러한 노력들이 이어져 이 지역은 다시 한번 기술 산업의 전성기를 맞게 된 것이다. 이 시기의 산업적 부흥은 128번 고속도로 주변에 들어선 수많은 하

이테크 회사들─이로 인해 이 도로는 미국의 하이테크 고속
도로라 불린다─의 업적에 힘입어 더욱 빛나는 성과를 얻게
되었다. 이리하여 오늘날 보스턴은 강 건너 마주한 케임브리
지와 더불어 미국 하이테크의 산실로 성장하게 되었다.

근래 이 두 도시가 컴퓨터 산업의 허브(실제 허브Hub란 단어
는 보스턴을 가리키는 애칭어로 매스컴에서 일반적으로 사용되고
있다)로 떠오르고 있다는 사실은 이러한 산업적 배경으로 볼
때 매우 당연한 일처럼 여겨진다. 시대적 변화와 발전을 시민
들과 함께 나누려는 의지로서 보스턴시에서는 세계 최초의 컴
퓨터박물관이자 가장 훌륭한 시설을 갖춘 것 중의 하나로 평
가되는 보스턴 컴퓨터박물관을 설립, 상호교류시스템을 이용
해 방문객이 직접 참가하여 혼자서도 컴퓨터를 배울 수 있는
기회를 제공하고 있다. 이 외에도 초기의 계산기 수준에서부
터 최첨단 기능을 갖춘 현재의 컴퓨터에 이르기까지 컴퓨터의
진화과정을 연대별로 정리하여 보여주고, 컴퓨터의 기계적 구
조나 기능에 대한 이해를 돕기 위해 각 부분에 대하여 영상물
이나 시범 실현, 혹은 모형 등을 이용한 설명회를 통해 컴퓨터
의 기계적 구조나 시스템에 대한 이해를 돕기도 한다.

한편 전통적으로 그 권위를 인정받고 있는 보스턴의 의료
기술 분야 역시 괄목할 만한 발전을 계속하고 있다. 세계 최초
의 어린이 전문병원이나, 에테르를 마취제로 이용하는 선구적
기술을 최초로 이끌어낸 매사추세츠 병원의 에테르 돔은 보스
턴이 여전히 의학연구의 선봉에서 뛰어난 성과를 끊임없이 내

놓고 있다는 사실을 잘 증명해주고 있다.

정신의 나라

　오늘날 보스턴시의 인구는 약 60여만 명에 이를 정도로 거
대하지만, 시는 미국 내 여섯 번째 규모로 꼽히는 최신 교통망
으로 약 450만㎢를 연결, 인근 뉴잉글랜드 지방 79개 도시, 3
백만 인구를 포함하는 광역 보스턴Greater boston을 형성하였
다. 보스턴은 뉴잉글랜드 지방에서 가장 큰 도시이자 매사추
세츠의 주도이고, 미 북동부의 대서양에 면한 항구도시로서
어업도 활발한 곳이다. 또한 존 F. 케네디 전 대통령이 태어나
어린 시절을 보낸 곳으로서, 전통적 보수 성향과 젊은 엘리트
들의 진보적 기질이 공존 혹은 대립하는 가운데 오늘날에도
뜨거운 정치 현장이 되고 있다. 보스턴 출생의 존 케리를 대선
후보로 지명한 민주당은 2004년 7월, 미 역사의 치열한 현장
이 되는 이곳 보스턴에서 전당대회를 개최하여 온 국민의 이
목을 집중시킨 바 있다. 미국에서 보수적인 색채가 가장 짙은
지역이라 간주되는 바로 이 보스턴에서 동성 간의 결혼 허용
에 관한 문제가 미국 내 가장 먼저 공식적으로 논의되었다는
사실은 단순한 흥미 이상의 의미를 던진다(시민투표를 통한 격
렬한 논란 끝에 매사추세츠주는 2003년 5월 미국에서 최초로 동
성 혼인허용을 공식 선포했다. 이후 미국의 기타 4개주에서 이를
뒤따랐다).

지성적 측면 또한 이 도시에서 빼놓을 수 없는 중요한 요소임에 틀림없다. 고등 학술기관과 문화적 기반은 미국 내 어느 도시와도 비교가 되지 않을 정도로 보스턴의 중심 테마를 이루고 있기 때문이다. 마크 트웨인의 말대로 "보스턴은 정신의 나라"이다. "거만하고 뻣뻣한 시골 영주 같은 사람들, (중략) 날씨의 변화에 따라 지극히 심미적인가 하면 금세 격분할 수 있는 사람들"인 보스턴 사람들은 "미국에서 남다른 미학적 정서를 지닌 지적 패거리들"인 것이다.

보스턴은 미국 역사에서 어떤 정신적 지형을 이루고 있는 것일까? 오늘날 가장 많은 미국인들의 사랑과 존경을 받는 인물 중 하나인, 보스턴 출생의 시인이자 사상가 랠프 W. 에머슨(1803~1882)의 체험에서 우러나온 설명이 그 해답이 될 듯하다. "보스턴이란 도시는 역사를 가지고 있다. 그러나 이것은 어떤 사건이라든가 풍차, 철도, 길 건너의 오랜 선술집들, 도시적 번영 등을 말하는 것이 아니다. 그것은 바로 휴머니티의 터전이며, 자신의 감정에 충실하고 이를 정당히 실현함으로써 정의를 지키며 살려는 사람들의 장소인 것이다. 이리하여 그 시대는 보다 위대한 전통의 한 줄기를 이루어 훌륭한 민족성의 근원이 됨으로써 정치적 자유의 역사의 한 페이지를 장식한 것이다."

보스턴은 미국에서 가장 역사가 오래된 도시이자 미국 역사의 출발지로서, 미국이란 나라의 문화적 지층을 이해하는 데 주요한 요인임에 틀림없다. 그와 동시에, 보스턴은 젊고 자유로운 도시이다. 주민의 절반을 넘는 수가(공식적 수치로는 3/5) 미혼이고, 40% 이상이 25세 이하의 연령대에 속해 있으며, 시민 평균 연령이 26세로 측정될 만큼 젊은 학생들이 많이 거주하는 보스턴은 곳곳에 도서관이나 미술관, 극장 등의 문화 기관이 산재해 있는 푸르른 요람이다.

어떻게 보면 시민 모두가 찰스강 양쪽에 흩어져 있는 67개의 대학과 이런저런 관련을 맺고 사는 사람들인 것처럼 보일 정도로 보스턴은 가히 경이로운 대학도시라 할 수 있다. 특히 개학 때가 되면 거리는 온통 생각에 잠긴 채 걸음을 재촉하며 어디론가 바삐 향하는 교수들이나, 세계 각지에서 온 50여만 명의 학생들이 새로운 둥지를 찾고 도시를 익히느라 오가는 풍경들로 채워지면서, 보스턴은 새로운 호흡을 시작하는 생명체처럼 깨어난다. 젊은 지혜와 교감하는 전통의 힘이 이 도시의 영원한 미래의 원천으로 느껴지는 것은 그의 찬연한 역사를 되돌아보는 과정에서 얻은 믿음 때문인 것일까?

주

1) La Marseillaise: 프랑스 혁명기에 행진곡으로 만들어진 노래로서 남부 마르세유 출신의 의용군들이 즐겨 불렀기 때문에 이같은 명칭이 주어졌다. 1795년에 국가國歌로 지정되었으나 나폴레옹 제정시대와 루이 18세의 제2왕정 복고시대에는 혁명과 관련되었다는 이유로 금지되었다가 1830년 7월 혁명 이후 다시 공인되었다.

2) 보스턴이 있는 매사추세츠주를 비롯하여 코네티컷, 로드아일랜드, 뉴햄프셔, 버몬트, 메인 등의 6개 주로 구성되는 미 북동지역.

3) Unitarianism: 일신주의一神主義로서 삼위일체설과 원죄설을 부정한다. 엄격한 청교도주의에 대한 반발에서 출발하여 고통스러운 영혼탐색을 불필요하게 여기는 매우 이성적인 교리이며 보스턴의 부유한 상인들을 중심으로 널리 퍼졌다. 1785년 보스턴의 킹 예배당에서 처음 시작된 이래 1815년까지 보스턴에 있는 16개의 조합교회 중 14개가 유니테리언 원리를 채택했다.

4) 보스턴에서 가장 흔히 볼 수 있는 '스퀘어'라는 구역 단위는 단순한 지역 교차점, 또는 불규칙하게 열려있는 공간을 일컫는다. 이는 곧 사방이 길로 둘러싸인 시가의 한 구획이다.

5) Freemason: 공제共濟를 바탕으로 한 국제적 우애 비밀결사. 자유·평등·박애를 구호로 하였고, 이는 프랑스혁명의 이념으로 이용되기도 했다.

6) Harpies: 죽은 사람의 영혼을 나르는 존재라 믿어지는 그리스 신화의 등장인물. 얼굴과 상반신은 추녀이고 날개·꼬리·발톱은 새의 모습을 하고 있다고 전해진다.

7) Louis Philippe: 반혁명군을 거부한 대가代價로 스위스, 독일, 미국, 영국 등지에서 망명생활을 하던 중 보스턴에 잠시 머물렀다. 이후 그는 부르봉 왕조의 제1왕정 복고시대에 프랑스로 돌아와 1830~1848년에 걸쳐 왕위에 올랐다. 평등사상을 강조한 시민 군주이자 계몽 군주였다.

보스턴 젊은 지성과 교감하는 전통의 힘

펴낸날	초판 1쇄 2006년 6월 30일
	초판 2쇄 2013년 7월 31일

지은이	황선희
펴낸이	심만수
펴낸곳	(주)살림출판사
출판등록	1989년 11월 1일 제9-210호

주소	경기도 파주시 문발동 522-1
전화	031-955-1350 팩스 031-624-1356
기획·편집	031-955-4662
홈페이지	http://www.sallimbooks.com
이메일	book@sallimbooks.com

ISBN	978-89-522-0526-1 04080

085 책과 세계

강유원(철학자)

책이라는 텍스트는 본래 세계라는 맥락에서 생겨났다. 인류가 남긴 고전의 중요성은 바로 우리가 가 볼 수 없는 세계를 글자라는 매개를 통해서 우리에게 생생하게 전해 주는 것이다. 이 책은 역사라는 시간과 지상이라고 하는 공간 속에 나타났던 텍스트를 통해 고전에 담겨진 사회와 사상을 드러내려 한다.

056 중국의 고구려사 왜곡 `eBook`

최광식(고려대 한국사학과 교수)

중국의 고구려사 왜곡의 숨은 의도와 논리, 그리고 우리의 대응 방안을 다뤘다. 저자는 동북공정이 국가 차원에서 진행되는 정치적 프로젝트임을 치밀하게 증언한다. 경제적 목적과 영토 확장의 이해관계 등이 복잡하게 얽혀 있는 동북공정의 진정한 배경에 대한 설명, 고구려의 역사적 정체성에 대한 문제, 고구려사 왜곡에 대한 우리의 대처방법 등이 소개된다.

291 프랑스 혁명 `eBook`

서정복(충남대 사학과 교수)

프랑스 혁명은 시민혁명의 모델이자 근대 시민국가 탄생의 상징이지만, 그 실상을 아는 사람은 많지 않다. 프랑스 혁명이 바스티유 습격 이전에 이미 시작되었으며, 자유와 평등 그리고 공화정의 꽃을 피기 위해 너무 많은 피를 흘렸고, 혁명의 과정에서 해방과 공포가 엇갈리고 있었다는 등의 이야기를 통해 프랑스 혁명의 실상을 소개한다.

139 신용하 교수의 독도 이야기 `eBook`

신용하(백범학술원 원장)

사학계의 원로이자 독도 관련 연구의 대가인 신용하 교수가 일본의 독도 영토 편입문제를 걱정하며 일반 독자가 읽기 쉽게 쓴 책. 저자는 역사적으로나 국제법상으로 실효적 점유상으로나, 어느 측면에서 보아도 독도는 명백하게 우리 땅이라고 주장하며 여러 가지 역사적인 자료를 제시한다.

144 페르시아 문화

신규섭(한국외대 연구교수)

인류 최초 문명의 뿌리에서 뻗어 나와 아랍을 넘어 중국, 인도와 파키스탄, 심지어 그리스에까지 흔적을 남긴 페르시아 문화에 대한 개론서. 이 책은 오랫동안 베일에 가려 있던 페르시아 문명을 소개하여 이슬람에 대한 편견과 오해를 바로 잡는다. 이태백이 이 관계였다는 사실, 돈황과 서역, 이란의 현대 문화 등이 서술된다.

086 유럽왕실의 탄생

김현수(단국대 역사학과 교수)

인류에게 '예술과 문명' 그리고 '근대와 국가'라는 개념을 선사한 유럽왕실. 유럽왕실의 탄생배경과 그 정체성은 무엇인가? 이 책은 게르만의 한 종족인 프랑크족과 메로빙거 왕조, 프랑스의 카페 왕조, 독일의 작센 왕조, 잉글랜드의 웨섹스 왕조 등 수많은 왕조의 출현과 쇠퇴를 통해 유럽 역사의 변천을 소개한다.

016 이슬람 문화

이희수(한양대 문화인류학과 교수)

이슬람교와 무슬림의 삶, 테러와 팔레스타인 문제 등 이슬람 문화 전반을 다룬 책. 저자는 그들의 멋과 가치관을 흥미롭게 설명하면서 한편으로 오해와 편견에 사로잡혀 있던 시각의 일대 전환을 요구한다. 이슬람교와 기독교의 관계, 무슬림의 삶과 낭만, 이슬람 원리주의와 지하드의 실상, 팔레스타인 분할 과정 등의 내용이 소개된다.

100 여행 이야기

이진홍(한국외대 강사)

이 책은 여행의 본질 위를 '길거리의 철학자'처럼 편안하게 소요한다. 먼저 여행의 역사를 더듬어 봄으로써 여행이 어떻게 인류 역사의 형성과 같이해 왔는지를 생각하고, 다음으로 여행의 사회학적·심리학적 의미를 추적함으로써 여행에 어떤 의미를 부여할 것인가에 대해 말한다. 또한 우리의 내면과 여행의 관계 정의를 시도한다.

293 문화대혁명 중국 현대사의 트라우마

백승욱(중앙대 사회학과 교수)

중국의 문화대혁명은 한두 줄의 정부 공식 입장을 통해 정리될 수 없는 중대한 사건이다. 20세기 중국의 모든 모순은 사실 문화대혁명 시기에 집약되어 있다고 해도 과언이 아니다. 사회주의 시기의 국가 · 당 · 대중의 모순이라는 문제의 복판에서 문화대혁명을 다시 읽을 필요가 있는 지금, 이 책은 문화대혁명에 대한 안내자가 될 것이다.

174 정치의 원형을 찾아서

최자영(부산외국어대학교 HK교수)

인류가 걸어온 모든 정치체제들을 매우 짧은 기간 동안 시험하고 정비한 나라, 그리스. 이 책은 과두정, 민주정, 참주정 등 고대 그리스의 정치사를 추적하고, 정치가들의 파란만장한 일화 등을 소개하고 있다. 특히 이 책의 저자는 아테네인들이 추구했던 정치방법이 오늘 우리 사회가 당면한 문제를 해결할 수 있는 지혜의 발견에 도움을 줄 수 있을 것이라고 말한다.

420 위대한 도서관 건축순례

최정태(부산대학교 명예교수)

이 책은 도서관의 건축을 중심으로 다룬 일종의 기행문이다. 고대 도서관에서부터 21세기에 완공된 최첨단 도서관까지, 필자는 가능한 많은 도서관을 직접 찾아보려고 애썼다. 미처 방문하지 못한 도서관에 대해서는 문헌과 그림 등 가능한 많은 정보를 수집하려 노력했다. 필자의 단상들을 함께 읽는 동안 우리 사회에서 도서관이 차지하는 의미에 대해 다시 생각하게 된다.

421 아름다운 도서관 오디세이

최정태(부산대학교 명예교수)

이 책은 문헌정보학과에서 자료 조직을 공부하고 평생을 도서관에 몸담았던 한 도서관 애찬가의 고백이다. 필자는 퇴임 후 지금까지 도서관을 돌아다니면서 직접 보고 배운 것이 40여 년 동안 강단과 현장에서 보고 얻은 이야기보다 훨씬 많았다고 말한다. '세계 도서관 여행 가이드'라 불러도 손색없을 만큼 풍부하고 다채로운 내용이 이 한 권에 담겼다.

eBook 표시가 되어있는 도서는 전자책으로 구매가 가능합니다.

㈜**살림출판사**
www.sallimbooks.com
주소 경기도 파주시 문발동 522-1 | 전화 031-955-1350 | 팩스 031-955-1355